普天之下·盡是好書

普天出版社
Popular Press

把那些**折磨你**的人，當成自己的人生導師

凌越 — 編著

〈改變心態篇〉

折磨你的人，就是你的貴人

日本劇作家山本有三曾說：

年輕時代，沒有喝過『**苦水**』的人，一定無法成長，我一向把曾經折磨過自己的人，當成我的成功導師。

的確，折磨和苦難，可以鍛鍊一個人的毅力，非比尋常的遭遇，可以磨練出非比尋常的品格，鍛造出非比尋常的璀璨人生。

因此，如果有朝一日，你得以功成名就，絕對不要忘記感謝曾經折磨你的人。

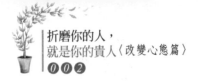
出 版 序　　　　　　　　　　　　　　　●凌　越

沒有折磨，激不起美麗的浪花

不再編織不負責任的各種藉口，要靠自己的力量走向明天和未來，別害怕辛苦，一旦有了鬆懈之心，夢想未來便將遙遙無期。

貝弗里奇說過：「人們最出色的工作，往往在處於逆境和磨練的情況下做出，思想上的壓力，甚至肉體上的痛苦，都可能成為精神上的興奮劑。」

我們曾經受過的折磨，經常會成為自己日後成功的動力，因為，人生就像洪水奔流，如果沒有暗礁，就難以激起美麗的浪花。

眼前這條人生路，或許你已經走了好長一段路了，為什麼在這個時候突然害怕、退縮起來了呢？

再向前邁進一步吧！因為這是你的人生路啊！無論你正面對著什麼樣的阻礙，遭遇什麼樣的折磨，或是即將面臨什麼樣的麻煩，你始終得繼續走下去，因為這一條路全靠你完成。

美國跳水運動員喬妮在一次跳水過程中不幸發生意外，造成全身癱瘓。躺在病床上，喬妮天天失眠，因為她一直無法接受這個事實。

「老天，為什麼會滑倒呢？為什麼我會在那個時候往下跳

呢？」

　　一連串的自責與疑問不斷地在喬妮腦海中盤繞著，不管家人怎麼安慰她，喬妮始終無法面對這個事實，也經常埋怨老天爺的不公。

　　出院那天，她重回水池邊，看著水波，想著自己再也無法一躍而下，濺起漂亮水花，忍不住掩面哭泣了起來。

　　只是，自己若無法為生命找到出口，生活除了痛苦之外還是痛苦，也許是經歷過的辛苦訓練過程與失敗經驗，幫助喬妮走出了悲憤情緒。

　　「我的人生不該只有這樣！」

　　喬妮冷靜地思索人生的意義與價值之後，開始大量地閱讀，希望從別人的生命體驗中找到自己的未來出路。

　　雖然雙手無法翻閱書頁，只能靠著嘴巴銜了一根小竹片翻書，然而一切得重新開始的事實，卻也讓充滿生存意志的喬妮更加努力學習，因為她知道，她的人生即將重新展開。

　　尤其當她閱讀到殘疾人士的奮鬥故事時，看著盲樂手能創作出的美妙音樂，看著人在失去雙腿後寫出了巨著……，心中更燃起熾烈的鬥志。

　　有一天，喬妮忽然想到一件事：「我何不開始試著畫畫呢？那是我從小最喜愛的事啊！」

　　沒有手怎麼畫畫？

　　只見喬妮毅然用嘴銜起了畫筆，開始了她的新人生。這條路其實非常艱辛，當家人們看見她這麼辛苦作畫時，忍不住勸她：「喬妮，別讓自己那麼辛苦，用嘴畫畫很難的，妳放心，我們會養活妳的。」

　　沒想到，這些話反而更刺激了喬妮非成功不可的決心：「不！

我不能一輩子靠你們，我必須靠我自己！」

曾經，她累得昏了過去，也曾經因為無法擦拭汗水，而任由鹹鹹的汗水流過眉睫刺激雙眼，雖然偶有淚水流下，但是她卻從未埋怨和沮喪，因為她知道：「我一定會成功。」

果真如她所預期的，她終於成功了。她的一幅風景油畫在一次畫展上大獲好評，從此喬妮的名字在美術界佔有了一席之地。

在美術界開闢出自己的一片天地之後，喬妮又有了新的人生目標，這一次她對準了文學界。

比起畫筆，執筆寫字的動作更加辛苦，然而喬妮始終充分展現她運動家的精神，毅力、決心和勇氣總是在她身上不斷地發光，文字創作的路雖然很艱辛，但是當《喬妮》一書出版後，喬妮再次地印證了一件事：「只要肯努力，人沒有什麼不可能的！」

為了勉勵更多的殘障人士，喬妮努力地寫下了《再前進一步》，和讀者們分享自己的經歷，她要人們知道：「人生是自己的，無論如何我們都要靠自己，處境再艱難也別害怕，因為你一定能！」

山本有三曾說：「年輕時代，沒有喝過『苦水』的人，一定無法成長，我一向把曾經折磨過自己的人，當成我的成功導師。」

的確，折磨和苦難，可以鍛鍊一個人的毅力，非常的遭遇，可以磨練出非常的品格，因此，如果有朝一日，你可以功成名就，絕對不要忘記感謝那些曾經折磨過你的人。

面對人生，我們不妨這麼看待：「生活中要是沒有困難，日子想必會過得十分乏味。」

那就像暗雲翻湧的天空，只有經過大雨的沖刷，才能顯現藍

天的美麗與遼闊，人生不也如此？想看見一望無際的天空，我們便得告訴自己：「暴風雨總會過去，只要我們的奮鬥意志堅強，咬緊牙關突破重圍，我們終究會找到倚靠的港岸。」

「人生是自己的」，這是最重要的人生態度，因為知道是「自己的」，我們才能走出依賴，不再編織不負責任的各種藉口；就是因為「人生是自己的」，所以我們要靠自己的力量走向明天和未來。別害怕辛苦，因為一旦有了鬆懈之心，夢想未來便將遙遙無期。

在困頓中，要積極地用行動鼓舞自己告訴我們：「別擔心，再前進一步我就會看見希望！雖然這條路很辛苦，但只要多給自己一點信心，無論如何，辛苦總會獲得甘美的回報。」

本書是作者舊作《感謝折磨你的人全集2》的全新增修合集，除了針對內容進行刪修之外，另外也增加了若干新稿，謹此說明。

C ONTENTS

出·版·序　沒有折磨，激不起美麗的浪花　　　　　·凌　越

PART 1
機會只給勇於爭取的人

存在於成功者身上的重要基因，
正是「勇氣」和「毅力」，勇於挑戰的人，
機會必定會等待並與他一同前進，
直到他成功為止！

無私，就是最美好的禮物／14

機會只給勇於爭取的人／17

後悔越多，表示你越不認真生活／20

最重要的始終是把握眼前／23

你的心境決定你的生活品質／26

抬頭看看你的天空有多寬廣／29

跨出最關鍵的第一步／32

給他們安慰，不如給他們信心／35

PART 2
不要光對著阻礙發呆

阻礙一出現，很多人總是害怕結局挫敗，
連一點克服的勇氣都提不起，
明明是顆小石頭也成了他們失敗的最大阻礙。

不走第二步，才是最嚴重的錯誤／40

用熱情燃燒你的生命／42

不要光對著阻礙發呆／44

「刺激你」是為了讓你活得更好／47

信用是快樂人生的法寶／51

誠實是最珍貴的生命價值／54

把失敗連接到成功的出口／57

發現生命中永遠的春天／60

PART 3
別想太多，先行動後再說

機會一直在身邊，
我們不需要知道哪裡是最好的起點，
只要雙腳積極地跨出了第一步，
雙腳踩下的位置就是最好的起點了。

用力呼吸就會看見奇蹟／64

現在就是你開始的最好時機／67

積極行動是成功的唯一個祕訣／70

別想太多，先行動後再說／73

安逸是生存遊戲裡的第一殺手／76

信用是別人評斷你的唯一標準／79

一生最難遇見的是情義朋友／82

先讓情緒冷靜，才能理性處事／85

PART 4
別讓小事 堵住未來的出路

希望擁有一顆堅強決心的人，
必須學會捨棄，
這不僅能讓我們從具體的事物中得到教訓，
更能從中學會真正的「下定決心」。

走過辛苦，人生才會充滿價值／88

不要讓環境限制自己的人生／91

別讓小事堵住未來的出路／94

依樣畫葫蘆，只會讓人一再走錯路／97

先為自己打好穩固的基礎／100

不是機會少，而是腦袋用得少／103

生活不會只有一個標準答案／105

不斷吸收知識，才能增長見識／107

C ONTENTS

PART 5
用積極的態度面對不如意的事

遇到不如意事，
我們要用更積極的態度前進，
即使路上一直出現阻礙，
我們也能跟著自信的步伐抵達夢想目的。

遇到困惑，就要設法突破／112

積極，就會創造奇蹟／115

抓住訣竅，問題就能輕鬆解決／118

用積極的態度面對不如意的事／121

越是小事，越不能輕忽／124

不要讓自己的壞習慣誤了大事／127

讀書其實是最輕鬆快樂的事／130

給自己一個色彩豐富的人生畫面／133

PART 6
冷靜面對人生中的每一個逆境

生活有許多難以預料的事，
少點計較，多點寬容心，
最終的受惠人始終是我們自己。

吹走失敗的烏雲，讓陽光再現／138

給自己一個明確的未來方向／141

對自己要有信心，才能堅持下去／144

冷靜面對人生中的每一個逆境／147

用寬闊的胸襟迎接未來／149

無論如何都不能放棄到手的機會／152

放心，一切順其自然就對了／155

越小的問題越要細心解決／158

PART 7
實力充備，處處都是機會

機會一直守候在我們身邊，
只要我們充實好自己，
便能和機會心有靈犀地相遇。

實力充備，處處都是機會／162

天賦能力也要靠後天培育／165

在有限的機會中充分表現自己／168

請耐心等待屬於你的成功良機／171

信心就是成功的基石／174

給自己多一點磨練的機會／177

盡全力表現出你最佳的狀態／180

貪婪的人很難守得住財富／182

PART 8
用勇氣敲掉你心中的那面牆

沒有所謂的「難題」和「機會難尋」，
不僅「困難」是我們憑空想像出來的，
就連「機會難尋」的結果，
也是我們自己所造成。

認真生活是成功的第一要務／186

能全力以赴，機會就會源源不絕／189

隨時換個角度看問題／192

希望需要積極行動來支持／196

用勇氣敲掉你心中的那面牆／199

「面對」是消除恐懼的最好方法／202

用心珍惜你生活中的一切／205

只要退一步就能平息事端／208

CONTENTS

PART 9
此路不通，就會懂得變通

讓生活多轉個彎，
人生不必有那樣多的執著，
既然前面的路行不通，
那就走向路邊的小徑吧！

相信自己行，你就一定行／212

從別人的失敗中發現自己的契機／215

用他人的成功經驗開發你的潛能／218

有自信，成功就在你手中／221

轉個彎就能看見生命的出口／224

科學始終源自於日常生活／227

不要讓生活只有單一色彩／230

此路不通，就會懂得變通／233

PART 10
困厄是為了讓你有新的開始

人生難免會有困厄與挫敗的時候，
但是我知道，只要不放棄希望，
一定能走出困境。

困厄是為了讓你有新的開始／238

不要用藉口阻擋你前進的腳步／241

用微笑解決生活中每一道難題／244

沒有人應該當個永遠的失敗者／247

第一次成功經驗不一定永久受用／250

親身體驗後才有說服力／253

有自己的思路，才有寬廣的出路／256

勇敢地提出你心中的質疑／259

PART 11
堅定理想，朝著夢想飛翔

人生只有一次，
勇敢去做真正的自己，
當你找到了自己的理想，
就放手去做吧。

有想法，也要有做法／262

堅定理想，朝著夢想飛翔／265

承諾是最珍貴的寄託／268

自欺是生活最大的危機／271

設法將壓力轉化為助力／274

想讓人信任，就要有真誠的眼神／277

決定放棄時正是失敗的一刻／280

勇於冒險，就能開拓新局面／282

適度退讓，才不會因小失大／285

PART 1

機會只給
勇於爭取的人

存在於成功者身上的重要基因，

正是「勇氣」和「毅力」，

勇於挑戰的人，

機會必定會等待並與他一同前進，

直到他成功為止！

無私，就是最美好的禮物

孩子們的未來始終都操之在他們自己的手中，那是他們的成長權利，而這也是走過孩提階段的我們，曾經渴求的自主與自由。

對你來說，「昨天」、「今天」與「明天」三者之中，哪一個會是你第一個想要拋開的？

相信聰明的人都會選擇「昨天」，因為逝者已矣，來者可追，只要今天的腳步能及時走在正確的人生道路上，未來的生命風景將是美麗的。

二次大戰結束，一名已被處決的納粹戰犯的妻子，因為受不了眾人的羞辱，在自家窗外自盡，留下一名年僅兩歲的孩子。

人們看見守護在母親身邊的孩子，雖然個個心生同情，卻遲遲不見有人伸出援手，這時有個女人走到孩子的身邊，親切地抱起孩子，對他說：「孩子，跟我走吧！」

就這樣，這個名叫艾娜的女人收養了納粹戰犯的遺孤，卻也因此為自己帶來許多的麻煩。

然而，不管遇到怎樣的困難，艾娜都不願放棄這個孩子，她不顧家人的反對，始終都把孩子緊緊地抱在懷裡，她總是心疼地對孩子說：「你是我的小天使！」

　　隨著孩子漸漸長大，人們的反對聲音也漸漸消失，但是「小納粹」的綽號卻一直緊緊地跟著他，因為同儕的排擠，「小天使」的性格變得非常古怪，且經常惡作劇，終於有一天，他惡作劇過了頭，造成鄰居小孩受了重傷。只見鄰居們全部聚集在艾娜家的門口，並惡狠狠地怒罵「小納粹」時，「小天使」這才知道自己的身世，也才知道「母親」艾娜的苦心守護。

　　艾娜緊緊地護著他，乞求著鄰居們：「大家給他多一點愛吧！他會是個可愛的天使。」

　　知道自己的身世後，「小天使」痛哭了起來，特別是，當他知道養母的付出與辛苦時，滿心的悔恨，令他慚愧不已。

　　艾娜對他說：「最好的補償就是愛，好好地愛你身邊的每一個人吧！孩子！」

　　從此，他痛改前非，認真做人，無論人們怎麼針對他，他也不再計較，當人們有困難時，他也會立即伸出援手幫忙，因為，他從艾娜的身上看見：「一個與我不相干的女人，竟能給予我如此深厚的母愛，我有什麼理由不能愛別人呢？」

　　畢業典禮的那天，校長唸著他的名字，當他走上台接受眾人祝福的那一刻，滿心的驕傲揚起：「雅克里，你真的畢業了！」

　　同時，台下也響起了熱烈的掌聲：「雅克里，恭禧你正式畢業了！」

　　雅克里看見台下的「母親」艾娜，也看見鄰居們，不知道什麼時候全都站在台下，熱情地對著他微笑。

　　雅克里看到這個情況，感動地掉下了眼淚，並激動地說：「相信，這將是我一生中，最美好的禮物！」

看著雅克里的新生與成就，你是否也獲得新的生命觀感？

我們都知道，孩子們無法掌控他們的出生權，但不論他們的成長背景如何，孩子們的未來始終都操之在他們自己的手中，那是他們的成長權利，而這也是走過孩提階段的我們，曾經渴求的自主與自由。

所以，習慣用高高的眼光來評斷孩子的大人們，別再把大人世界裡的是是非非硬塞給孩子們繼承，我們應當留給孩子們繼續的，不是我們未竟的成就，而是要告訴他們：「孩子，你可以參考過去，更可以拋開過往的一切，無論如何，我們會永遠尊重、支持你，因為，你是獨一無二的。」

如果你希望身邊的孩子們像雅克里一樣成功，不妨學學艾娜的無私與公正精神，你也一定能獲得相同的感動與回饋。

機會只給勇於爭取的人

 存在於成功者身上的重要基因，正是「勇氣」和「毅力」，勇於挑戰的人，機會必定會等待並與他一同前進，直到他成功為止！

生活中我們都會遇見難關，也隨時都會碰到困難，但無論事情多麼棘手，一切終究都會過去，成功的機運也始終都掌握在你我的手中。

套句電視主角的口頭禪：「氣勢就在我這邊！」意思是說，只要我們有信心，再艱困的難關都一定會被我們的氣勢所逼退，只要我們有自信，成功的機會必定會站在我們這邊。

卡羅・道恩斯原本是在一家銀行工作，捧著人人羨慕的金飯碗，然而，他後來卻放棄了，他說：「在這裡，我無法充分發揮自己的才華。」

於是，他毅然地離開銀行，隨後走進了杜蘭特公司，也就是後來名揚天下的通用汽車公司。

在新的工作環境中，道恩斯努力奮鬥了半年之後，為了進一步了解自己的才能，便寫了兩封信給杜蘭特老闆，希望從對方的回覆中，了解自己的工作表現，也明白公司能給予的發展空間。

然而，杜蘭特並沒有兩封信都回，他只回應了道恩斯的一個

問題：「我有沒有機會擔任更更重要的職位，做更重要的事？」

只見老闆在這個問題下批示：「現在，我將任命你負責監督新廠機器的安裝工作，但不保證升遷或加薪。」

道恩斯接受新的工作命令，但是在他手上的，只有杜蘭特給的一張施工圖。杜蘭特對他說：「按圖施工，就看你能做到什麼程度了。」

也許，對看得懂這張圖的人來說，這只是件小事，然而對從未接受過相關訓練的道恩斯來說，看著完全陌生的圖紙，還要在短時間內完成施工，確實是件非常困難的事。

但是，道恩斯心裡明白：「這是一個千載難逢的機會，如果我就這麼退縮了，恐怕就再也沒有機會了。」

於是，他重新調整好自己的心理，開始認真地鑽研施工圖，並找到相關人員一起合作、研究，很快地，他便學會了掌握工作的重點與脈絡，還迅速地提前一個星期完成了這項任務。

這天，道恩斯來到杜蘭特的辦公室，準備向他匯報工作時，卻吃驚地發現，緊鄰杜蘭特辦公室的房間，門牌上竟寫著「卡羅·道恩斯總經理」！

忽然，杜蘭特打開了門，笑著對他說道：「從現在開始，你正式升任為總經理，薪水部分，則在你原來的底薪上，多加一個『○』。」

道恩斯不敢置信地遲疑著：「這……」

杜蘭特接著說：「我是故意要交給你那些圖紙的，我知道你看不懂，不過我想知道，你將如何處理。你果然沒讓我失望，原來敢於要求更高薪水與職位的你，真的更勇於挑戰困難，挑戰自己，所以我相信，你必定是個優秀的領導人才！機會總是眷顧那些能鼓起勇氣並主動出擊的人，相信這一點，你必定比我明白。」

你對自己的能力有多少認知？

對於自己的實力，你又有多少信心？

我們不妨試著與道恩斯轉換角色，換作是你，你會怎樣面對、處理？

知道自己的能力所在，也相信困難終究會過去，那麼我們便會明白道恩斯在故事中所帶給我們的啟示：「再困難都要勇往直前，因為機會就在你的手中，一放棄就再也沒有機會了。」

我們都知道，存在於成功者身上的重要基因，正是勇氣和毅力，就像杜蘭特在道恩斯身上看見的：「勇於挑戰的人，機會必定會等待並與他一同前進，直到他成功為止！」

後悔越多，表示你越不認真生活

生活不應該有那麼多的後悔時刻，後悔越多便
表示你越草率面對你的人生，更表示你從未認
真經營你的生活，一路全是虛度。

對於習慣蹉跎光陰的人，有位幽默作家做過一個生動的比喻：
「他們就像沒搭上火車的人，總望著離去的火車追悔，又嫌下一
班火車來得太慢。」

每個人的生命都是有限的，我們應該把握有限的生命，創造
無限的價值。時光不可能倒流，也沒有人可以真正地預知將來，
即使地球的轉動是固定方向，但白晝和黑夜的長度卻沒有一天是
完全相同的。

蘭薩姆是美國一位著名的牧師，不論是在富人區還是貧民區，
都有著極高的威望，因為他的奉獻精神，幾乎感動了所有認識他
的人。

八十四歲高齡時的蘭薩姆，因為年齡大的關係，幾乎無法步
行，只能靜靜地躺在教堂閣樓裡。

無法繼續傳道的他，心中仍然掛念著世人，於是他打算要用
最後的生命餘光，寫下自己對生命、生活和死亡的觀感，讓更多
人能夠看到他的生命哲思。然而，他寫了很久，連部分初稿都修

了好幾次，卻始終認為，心中真正想表達的東西尚未清楚寫出，因此出版的時間也一再地拖延。

直到有一天，一位老婦人來敲他的門，請求高齡的蘭薩姆能夠見她的丈夫最後一面：「牧師，求求您見見我的丈夫吧！他說，他一定要見到您，才能夠安詳地離去。」

為了不願讓這位老婦人和她的丈夫失望，蘭薩姆在信徒的攙扶下，辛苦地抵達了老婦人的家中。

躺在床上的，是一位七十二歲高齡的老先生，他在蘭薩姆面前緩緩地懺悔道：「當年，我曾經和著名音樂家學習吹小號，我真的很喜歡音樂，當時我的功力甚至還超越了我的老師，所以許多人都非常看好我的前程。但是，就在我二十歲時，不幸迷上了賽馬，不僅把音樂荒廢了，還虛度了這段人生。如今我的生命就快結束了，牧師，我就要到另一個世界了，我向您保證，進入新世界後，我不會再做這樣的傻事了，我想請求上帝的寬恕，讓我再有學習音樂的機會。」

蘭薩姆體貼地點了點頭，安撫他說：「放心吧！我會為你祈禱，上帝也一定會寬恕你的。還有，我要謝謝你的懺悔，讓我也很有啟發。」

蘭薩姆回到教堂後，立即拿出他的日記振筆書寫，因為他發現，每一個臨終者的懺悔，其實比他傳佈的教義更能讓人得到生命的啟發。

然而，就在他即將完成整本書編輯工作的前一天，一場無名火讓這些深具生命哲思的懺悔錄，全都付之一炬。看著由生命集結出來的心血，如今全數毀滅，蘭薩姆實在很心痛，卻也莫可奈何：「如今，我已經九十多歲了，一時間也無法寫盡我想分享的生命觀感。」

　　或許，生命的體悟與分享，並不需要長篇大論，於是蘭薩姆在臨終前寫下了這段簡短但卻發人深省的手稿：「假如時光可以倒流的話，世上將有一半的人成為偉人！」

　　回想一下，你是不是經常抱怨著說：「早知道當初……」

　　生活不應該有那麼多的後悔時刻，因為，後悔越多便表示你越草率面對你的人生，更表示你從未認真經營你的生活，一路全是虛度。

　　「假如時光可以倒流的話，世上將有一半的人成為偉人！」

　　記憶起前人深刻感情所留下的遺言，除了勉勵後人之外，我們聽見的不正是一個又一個的遺憾？

　　不想讓生命有絲毫遺憾，請仔細咀嚼蘭薩姆的遺言，因為這是他聽過一個又一個的遺言之後的啟示，也是他自己臨終前一度經歷且感受到的。

最重要的始終是把握眼前

沒有什麼比「擁有現在」更為重要，已經失去的就別再計較，因為每個人鬆手的原因，都是為了捉住另一個更值得捉住的東西。

要丟開還是留下，我們很難得到一個周全的選擇，事實上，人生原本就很難有十分的完美。那麼，即使只有九分的完美，我們是否應該要好好地珍惜所擁有的九分，而不該過度地執著於無法補全的一分呢？

有位叫弗雷德的郵務士是個送信高手，即使是地址不詳或字跡不清楚的信，只要分配到他的手中，每一封信都能正確無誤地送達收件者的手中。

對於自己的這項本領，弗雷德甚是得意，每天一回到家中，都會開心地將這些「不可能的任務」，鉅細靡遺地說給家人們聽。

然後，吃過晚飯，他總是會點上菸斗，然後牽著孩子們的手到院子裡，與他們分享生命中的故事。

故事至此，滿是幸福的畫面，然而人生似乎都會有意外來破壞。

那年，他的小兒子生了重病，送進醫院搶救卻已經回天乏術，最後還是走了，就在兒子去世的同時，弗雷德的靈魂似乎也被帶

走了。

從那天開始，佛雷德每天起床時的狀態就像夢遊似地，精神恍惚，似醒非醒。雖然上下班的情況一如往昔，但是他的笑容和活力卻全都不見了，即使回到溫暖的家中，也只是默默地吃完飯，便早早在床上躺著。

他幾乎是整夜地望著天花板發呆，無論家人們怎麼安慰與勸說，都不見他有好轉的跡象。

聖誕節將近，周圍的歡樂聲仍無法沖淡這家人的悲傷氣氛，特別是弗雷德的小女兒瑪莉。

過去，她和弟弟都會一起開心等待這個節日的到來，但是現在她卻一點心思都沒有了。

她一點也不想過節，因為她知道，爸爸在這樣的節日將會更加思念弟弟，心也會更加悲痛。

聖誕節前夕，弗雷德來到辦公桌前分發信件，忽然，他看見一個深藍色的信封，上面寫著「請寄交給天堂的奶奶」幾個大字。

他想：「看來，又是一封無法投遞的信。」

弗雷德搖搖頭，正想把它放到一邊時，忽地轉念：「何不打開來看看，也許有我能幫忙的地方。」

於是，他小心地拆開信，卻見信裡寫道：「親愛的奶奶：弟弟死了，我和爸爸媽媽都很難過。媽媽說，好人死了會到天堂，那弟弟是不是跟奶奶在一起了呢？弟弟有玩具可以玩嗎？奶奶，自從弟弟死了之後，他的木馬我也不騎了，也不再玩積木了，因為我害怕爸爸看見這些東西會傷心。唉，奶奶，爸爸的菸斗不再冒煙了，我最愛聽的故事聽不到了。有一次，媽媽告訴爸爸，不要太難過了，爸爸卻說，只有上帝才能救他。我想請問奶奶，上帝在哪裡呢？我一定要找到他，請他來救救爸爸，讓爸爸重新抽

菸斗,重新說故事給我聽,您幫幫我吧!奶奶!孫女瑪莉。」

下班時間到了,弗雷德快步回家,當他踏上家門前的台階時,並沒有立刻推門,而是停在門口,接著摸出菸斗並點燃了它,然後才推門進去。

只見他再次用過去那般幸福且滿足的笑容,迎接他的妻子和女兒,當他徐徐地吐出第一口煙時,屋裡的每一個人都感受到,那份久違了的溫暖氣息又再回來了。

「捨」與「不捨」都是我們很難取決的兩件事,因為難捨,很多時候會讓我們陷入不捨的糾結裡,而看不見其他人的等待與期待;因為不能不捨,讓我們經常出現生活的衝突,就像弗雷德,因為「不捨」,讓他無法捨去已逝的過去,更忘了眼前的擁有。

聽見小女兒的期望,相信我們都和弗雷德一樣,有著相同的感動與驚醒,原來生活中最美麗的事物還在我們的身邊,眼前還有那樣多的人事物正等著我們珍愛。

從中我們也更加明白,沒有什麼比「擁有現在」更為重要,已經失去的就別再計較其中得失,因為每個人鬆手的原因,都是為了往前捉住另一個更值得捉住的東西,不是嗎?

你的心境決定你的生活品質

為什麼有人每天都繃著臉，又為什麼有人過得像神仙般快樂？其中秘訣只有兩個字：「一切答案就在『心境』兩個字。」

有句俗諺說得不錯：「天下事豈能盡如人意，唯有心境恬適，盡其在我，便能隨遇而安。」

當生活一直陷在愁苦的氣氛中，你真正要做的，並不是抱怨別人為什麼不會逗你開心，更不應該責怪外在環境不夠美麗，你真正要責怪的對象，其實是你自己。

蘇格拉底曾經和一群朋友住在一間只有七坪大的屋裡，在這小小的空間中擠滿了人，也擠出了許多摩擦。

唯獨蘇格拉底不同，在這個小空間裡，他每天都是笑呵呵的。

有人不禁納悶地問他：「那麼多人擠在一起，連轉個身都很困難，你為什麼還那麼高興？」

蘇格拉底回答得很自然：「能和朋友們住在一起，不僅可以隨時交流思想，還能增進感情，這難道不是件值得高興的事嗎？」

又過了一段時間，朋友們一個個都成家了，先後搬離，最後屋子裡只剩下蘇格拉底一個人。但是，人們看見他時，卻發現他居然比先前更加快樂，那人又問：「一個人不孤單嗎？你為什麼

還能那麼高興？」

蘇格拉底笑著說：「當然開心啦！我有很多時間可以讀書了，你想想，看完一本書等於認識一位老師，能和這麼多老師相識，還能隨時向他們請教，怎不令人高興呢？」

幾年後，蘇格拉底結婚了，但是卻搬進了一處又吵又髒又不安全的居住環境。這天，那個老是愛提問題的朋友又來找蘇格拉底了，當他看見如此髒亂的環境時，心想：「這樣差的環境，我就不相信你會有好臉色！」

沒想到當蘇格拉底出現時，居然還是一副其樂融融的模樣，朋友實在不得不佩服他了：「這樣你還能保持快樂啊？」

蘇格拉底說：「當然啊！你不知道住在一樓有多方便，比如一進門就是家，不用爬很高的樓梯，想搬東西的時候更是方便，並不需要花費很大的力氣，還有，你們來拜訪我時，不是很方便嗎？最令我滿意的地方是，這裡還有足夠的空間可以讓我種花呢！總之，其中的樂趣實在說不完！」

後來，那個朋友遇到蘇格拉底的學生柏拉圖時，也忍不住問他：「你的老師為什麼總是那麼快樂？我覺得他每次住的環境實在都很差啊！」

柏拉圖平靜地說：「真正能影響一個人心情的重點，並不在於他所處的環境，而是他的心境。」

為什麼有人居住在人人羨慕的豪宅裡，卻仍然每天都皺著臉，又為什麼有人居住陋巷，竟能過得像神仙般快樂？其中秘訣只有兩個字，一如柏拉圖的解釋：「一切答案就在『心境』兩個字。」

我們可以來做個實驗，現在立即拿出一面鏡子，然後仔細地

看鏡子裡的自己，目前展現出來的是微笑，還是滿臉苦惱。

如果是微笑，那麼你試一試表現出不滿、皺眉的神情，這時你是否有感覺到，一份不悅的情緒似乎在你心底隱隱升起？

如果鏡裡的倒影是苦惱的，那麼你不妨吐口氣後，輕輕地給自己一個微笑，這時，相信你已經感受到一股快樂的氣氛正從鏡面裡散發出來，似乎生活中的一切不愉快都已經煙消雲散了！

現在，讓我們從自己主動展開笑容開始，由我們帶來快樂，也由我們來改變環境的氣氛，然後我們會發現，原來快樂的環境可以如此輕鬆地營造出來，而這一切，卻只需要一份發自你我內心的快樂心境。

抬頭看看你的天空有多寬廣

 每個人立足的基礎越來越公平，獨立自主思考的權利也越來越寬廣，除非你放棄自己，否則沒有任何人可以掌控你。

諾貝爾文學獎得主，魔幻寫實作家馬奎斯提醒我們：「生活會不斷地給人一些機會，讓人勇敢地活下去。」

在這個公平競爭的社會中，每個人的機會都很均等，即使先天條件優越，但若自負於這樣的優越感，很快地將會困守於太過自恃的囚籠中。

當布萊爾二度坐上英國首相之位，並開始改組內閣時，在他開列的名單中，再次出現了「戴維·布倫克特」的名字，這位雙目失明、由教育大臣躍入權力中樞的內政大臣，也再次成為英國人心目中的傳奇人物。

布倫克特的殘疾是天生的，四歲之時，他便進入專門為盲童設立的寄宿學校上課，這段寄宿生涯在他的自傳中也曾提及，然而，他在自傳中寫道：「在寄宿學校的那段日子，比在家裡糟糕極了。」

因為這段日子，布倫克特被剝奪了隱私，也失去了家庭的溫暖，回憶起來，自然有許多難過的經歷。

布倫克特很早就學會了盲文，也很早就開始累積盲文速記和打字能力，這些讓他在成年後很順利地找到第一份工作，而這些經驗都為他後來的從政之路，立下了很深厚的根基。

意志力堅強的布倫克特緊緊把握住生活中的每一次機會，他表現出色，以過人的毅力力爭上游，並不時地告訴自己：「我要過正常人的生活，因為我是正常的人！」

精力充沛且勇敢的他，甚至還學會了爬樹與騎單車，連滑雪的機會也沒放過，雖然身上跌得青一塊紫一塊，更甚者還造成骨折、磕掉過牙齒。

但是，這一切都未消減他的勇氣和生命活力，他不管人們如何冷嘲熱諷，反而更加積極地參與各項社團活動，鍛鍊自己的社交能力，還主動邀請女孩子出遊、約會。

十六歲時，他加入了工黨，並成為衛理公會的傳教士，不久他考取了謝菲爾德大學，二十二歲時，他已經是謝菲爾德市的議員了。

由於鮮明的自主觀點，與腳踏實地的工作態度，盲人布倫克特獲得了選民的廣泛支持，在仕途上越走越順暢，到了布萊爾當選英國首相後，他不僅擔任教育大臣，甚至還坐上了內政大臣的位子。

從此，沒有人注意到這位大臣竟然是位盲人，而他的實力也再次受到人們的信服與肯定。

後來，英國《太陽報》曾經這麼寫道：「布倫克特其實是個首相人才，這是極有可能發生的。」

布倫克特聽聞時嚴肅地說：「當首相？開什麼玩笑！我的意思是，我這輩子肯定當不上首相，但我認為，總有一天會有盲人首相的出現。」

看著布倫克特積極的生活態度，聽見他突破生活「盲」點的企圖心，相信許多人也感受到他立足於「正常人」的基礎上，永不放棄的生命光芒。

　　在資訊越來越發達的文明現代，每個人立足的基礎越來越公平，獨立自主思考的權利也越來越寬廣，類似「別人能，你也能」這樣積極的鼓勵，也越來越受到肯定。

　　除非你放棄自己，否則沒有任何人可以掌控你，聽聽布倫克特在故事中告訴我們的：「我可以過正常人的生活，你更可以實現自己想過的生活，我們都頂著相同寬廣的天空，我可以乘風高飛，你也一定可以，只要你願意實踐自己的夢想！」

跨出最關鍵的第一步

 最重要的不是「有」的時間點，而是怎樣從「無」跨出來，怎樣才能給自己一個真正的開始，真正地跨出生活的第一步。

第一步的確是最艱難的，但再怎麼艱難，終究都得跨出去，別再停在第一步之前。

越是畏懼、退縮，我們越不敢踏出腳步，但如此一來，成功目標便會距離我們越來越遠。

金克拉是一位烹飪器材的推銷員，在進入這一行的前兩年半時間裡，他的業績並不突出，甚至經常被評為劣等，這樣的成績讓他與新婚不久的妻子，幾乎每天都得勒緊褲帶過日子。

有感於自身行銷實力的不足，他接受了公司主管的建議，承諾要認真參與每一次的業務會議與訓練課程。

當他認真地上了一天的訓練課程後，卻發現一天下來，自己什麼都沒學到，原本激起的鬥志，忽然又冷卻了下來。回到家，他又被孩子的哭鬧聲惱得情緒低落，甚至心煩到整夜都沒睡好。

第二天早上，鬧鐘在五點半時準時響起，但是，金克拉仍然懶懶地躺在床上，一點也不想起來。

只見他輕輕地翻個身，把臉朝著窗外探望，發現外面的積雪

已有半尺厚度。

　　他忽然想到一個不去參加訓練課程的藉口，他的那台老爺車沒有裝暖氣，於是，毫不猶豫地又躺回床上。

　　這時，坐在梳妝台前的妻子忽然說：「是你自己親口答應，每天都要出席公司的業務會議和訓練課程的，你都已經開始進行了，為什麼今天要中斷呢？我想，你以後再也別答應人家任何事了，免得答應了又做不到，那還不如不答應比較好。」

　　聽見妻子的責罵，金克拉迷糊間滾了下床，只見他忽地站了起來，並積極整裝，接著便踏出門口，開車邁向漫長而艱辛的路程，三個小時之後，他終於準時趕到了會場。

　　只是，這場大風雪確實阻礙了許多人，會場裡出席的人數不到一半。

　　但是，金克拉卻很慶幸自己今天能來，因為在結束後，業務訓練專家梅端爾特別走到金克拉座位旁，對金克拉說：「我相信你的幹勁總有一天會讓你一飛沖天，加油！」

　　梅端爾的話讓金克拉熱血沸騰，從那一刻起，金克拉積極學習，工作態度也越來越「衝」。

　　那年年終，金克拉在七千多名業務員中脫穎而出，銷售成績更是一躍至第二名。

　　我們都會經歷「從無到有」的過程，對每一個人來說，最重要的不是「有」的時間點，而是怎樣從「無」跨出來，給自己一個真正的開始，真正地跨出生活的第一步。

　　當金克拉被積雪冷卻了學習熱情時，你是否很想怒斥他一頓？

　　我們很難能像金克拉一樣，有個聰穎的貴人伴隨在身邊，在

躺回床上的退縮關鍵時候，得到刺激、提醒的機會。

那該怎麼辦？難道，我們只能搖頭嘆息，藉口良機難覓？

當然不能，因為無論金克拉有多少貴人，他仍然和我們一樣，「第一步」始終都得靠自己跨出去。再多的耳提面命，也要聆聽的人願意靠自己的力量踏出「第一步」，然後那些提點的人才能成為真正的貴人。

不管做什麼事，最重要的是第一步。只要能跨出關鍵的第一步，然後你自然能卯足全力衝出後續的成功步伐！

給他們安慰，不如給他們信心

遇見失意、挫敗的人時，請不要給他們過多的同情和安慰，而是要用積極正面的態度，鼓舞他們再站起來的決心和信心。

就像孩子學步一樣，每個正遭遇挫折的人，最需要的不是人們的伸手幫忙、推進，而是支持和打氣加油聲，讓他們能重燃信心，然後靠自己的力量堅強地再站起來，繼續前進。

作家瑪麗‧羅伯絲蕾妮育有三個孩子，每天要做的家務事相當多，光是一天三餐和洗熨一家五口的衣物，便已經讓她忙得團團轉了。

然而，丈夫的收入有限，雖然足夠維持一家五口的基本生活所需，但孩子們一天天長大，學費和其他各類生活上的支出越來越多。

這天，瑪麗對丈夫說：「親愛的，我一直都很想寫點東西，記得以前在學校的時候還曾經是位文藝青年，不如我從明天開始動筆寫些文章，順便賺點錢來補貼家用。」

當瑪麗的丈夫聽見老婆這麼說時，心裡有點難過地想：「都是我賺的錢太少了，不然她也不用想法子賺錢。」

只見他苦笑了一下，心疼地說：「親愛的，妳每天的工作量

那麼大，都得從白天忙到晚上，如今還要寫小說，實在太辛苦了，妳還是多休息，注意身體要緊，別累壞了！」

瑪麗笑著說：「我可以的，我會在白天構思，晚上再寫！我計算過了，每天花一個鐘頭，至少可以寫五百個字，積少成多，一個月就能寫出一萬五千個字，一年下來不就有十八萬字了，為什麼不可以呢？」

於是，積極的瑪麗從第二天晚上便開始進行。由於久未執筆，剛下筆時顯得非常生疏，那天晚上，她雖然很快地完成了五百個字的目標，但是她卻認為全是廢話，於是她想也未想便把稿紙撕碎了。

一點也不灰心的瑪麗，第三天仍然繼續撰寫下去，但是寫了一個月卻連一張滿意的文字都未見。看見老婆這樣執著，瑪麗的老公忍不住說：「瑪麗，算了吧！何必讓自己累成這樣子？」

聽見老公這麼說，瑪麗的情緒有點浮動，有點氣憤地說：「你為什麼不試著鼓勵我？每個小朋友剛開始學走路時，不也經常跌倒嗎？那過程不就像我現在這樣？但終有一天，孩子們必定能走能跑，甚至是跳躍，總之，我相信，我必定能像孩子們一樣成長茁壯，一定會有成功的一天，我一定能寫出一本很好的小說。」

丈夫看見她意志如此堅定，從此每天都提早回家，幫助瑪麗料理家事並照顧小孩，好讓她能更安心於寫作。

剛開始時，瑪麗每丟一張寫滿字的稿紙時，丈夫都會撿起來仔細閱讀，閱讀的神情總是充滿著懷疑，然而一個月一個月地過去，他的臉部表情開始豐富了起來，甚至還經常出現愉悅的模樣！

四個月後，瑪麗終於完成了她第一部作品，一共十八萬字，這第一本小說雖然只賣了三千四百塊美金，但從賣出的那一刻起，瑪麗獲得了無比的鼓舞信心，同時也重燃起她的創作熱情。

一路前進，瑪麗慢慢地走到了預定的目標，無論是從低稿酬到優渥的版稅，還是從苦困經濟情況到子女皆能完成自己的夢想，這一切的功勞都離不開她開始創作的第一個字。

「我和孩子學步一樣，也需要鼓勵以建立自信！」當瑪麗說出心中的盼望時，其實也說出了每一個正遭遇失敗的人的期盼。

也就是說，當我們遇見失意、挫敗的人之時，請不要給他們過多的同情和安慰，更不要陪著他們怒斥生活的磨難，而是要學學瑪麗的態度，用積極正面的態度，鼓舞他們再站起來的決心和信心。

畢竟，生活中遇到的各種問題，我們都得親自面對，即使面對的是繁複的抉擇或難題，無論其中的差異有多大，真正能解決問題的答案只有一個，那便是：「有信心就能排除萬難！」

PART 2

不要光對著

阻礙發呆

阻礙一出現，

很多人總是害怕結局挫敗，

連一點克服的勇氣都提不起，

明明是顆小石頭也成了

他們失敗的最大阻礙。

不走第二步，才是最嚴重的錯誤

 多一步時間並不會有任何損失，我們可以這麼說：「在成功的道路上，不怕多走一步，只怕少走一步而錯失良機！」

英國詩人布萊克告訴我們：「毅力就是生命永久的享受。」

多走一步的付出等於多一分機會，就像散步、慢跑一樣，沒走幾分鐘就停頓休息的人，是很難鍛鍊出強壯體魄的。

十九世紀初期，美國正掀起了一陣「淘金熱」，當時有個年輕人跟著人潮，也來到了美國西部重鎮洛杉磯，決定要來試一試自己的採礦運氣。

然而，運氣不太好的他，卻挑到一個天寒地凍的採礦日子，但當時和他一起來到礦區的同伴們卻堅信：「我們一定能找到金礦！」

問題是，工作不到三天，這個年輕人便已經累得躺在地上，他精疲力盡地說：「唉！我連提一桶水來沖刷泥土的力氣都沒有了，即使我知道哪一個地方，有百萬英磅金礦埋在下面，我也不想再去提水了。」

於是，他和同伴們在該礦上貼了一則聲明自己擁有三十天所有權的說明書之後，便打道回府了。

　　當他們離開之後，礦區開始下起了大雨，雨水不斷地滴落在他們不願再去沖刷的那片土地上。

　　有一天，另外兩名礦工經過此地時，忽然發現在那塊土地上正閃爍著一道光芒。於是，這兩個人一屁股坐到了地上，並耐心地等到三十天的期限過去，等待該礦的所有權屬於他們的日子。

　　令人期待的日子終於到來，雖然泥土下隱藏的黃金價值沒有百萬英磅，只有兩萬美元，但是，那個年輕人和他的同伴們當初如果能多拎一桶水，兩萬美元便屬於他們的了。

　　你知道嗎？這位工作不到三天就放棄，沒能堅持下去的年輕人，正是鼎鼎大名的美國作家，馬克‧吐溫。

　　當大人物也和我們一樣犯了相同的錯誤，有過不如意的遭遇，你會給自己更多的藉口退縮，還是會告訴自己：「你看，馬克吐溫都曾經失敗過，那我這點小失敗又算得了什麼？」

　　沒有人知道，下一步得跨出多大的距離才能抵達終點，但我們從故事中知道，多一步時間並不會有任何損失，多提一桶水也不會讓我們失去什麼，於是我們可以這麼說：「在成功的道路上，不怕多走一步，只怕少走一步而錯失良機！」

　　只要錯誤不會一犯再犯，且能從第一次的失誤中找出原因並即時修正，那麼第二桶水肯定不會讓我們白提。

用熱情燃燒你的生命

 對生命能注入更多堅強與企圖心，生命的奇蹟
必定會出現。只要我們不放棄，再艱困的難關
也一定能走過。

人生的機會不多，習慣放棄的人到最後則會很輕易地永遠失去機會。所以，別輕言放棄，或經常期待下一次機會，因為機會和生命、時間一樣，逝去了便無法彌補。

法國《SHE》主編布彼是位才華橫溢的文人，他的文章裡總是在幽默中另見深度思考。然而，一九九五年，四十三歲的他卻突然腦溢血中風，昏迷不醒。

幾個星期之後，他脫離了死神的魔掌，雖然再次活了過來，但卻從此全身癱瘓，不僅無法下床走路，連說話的基本能力都喪失了，甚至連呼吸也要靠著醫療器材來維持。

求生意志堅強的布彼，為了能與外界溝通，當他發現自己的左眼還能靈活轉動時，便努力地活動他的左眼，積極地與身邊的人們進行交流。

只見那深綠色的眼睛時而睜大，時而瞇眼，一切只為了能傳達他的無限情感與生命訊息。

不願放棄創作機會的他，最後更與醫生們協力合作，用字母

卡一個字又一字地「眨」出他的生命經歷。

在幾萬次的眨眼與轉動過程中，他們同心協力完成了一段句子，慢慢地句子也串成了一篇文章，當一篇篇文章完成，在無數個辛苦溝通的過程中，他們終於達到最後出書的目標。

就在寫作的過程中，許多醫護人員寫到布彼對這段病痛過程的描述，無不紅了眼眶：「我的手正在黃色的床單上抽搐，實在難受至極，全身有時候疼得像在火海焚燒，時而又像在冰窖中獨處……但是，再難受的煎熬我都挺過，我會緊捉住壓力減輕時，讓思想從痛苦的束縛中解脫，讓自己像蝴蝶般自由飛舞。我要飛到火地島，還要飛往米達斯王皇宮，去看我心愛的女人，去撫摸她沉睡中的面頰，我還要飛去西班牙的古堡中，去拿取傳說中的金羊毛，關於這些夢想，終有一天我一定會實現。」

當堅強的生命力在我們眼前熾烈燃燒時，你是否也禁不住激起了想要燃燒生命的熱情？

從醫學角度來看，許多臨床實驗都證實，即使醫生已經判斷無藥可醫的疾病，只要病人能靠著自己的意志力求生，對生命能注入更多堅強與企圖心，生命的奇蹟必定會出現。

看著布彼積極的生命力量，與無限想像的生命活力，我們也看見了生命的無限，只要我們不放棄，再艱困的難關也一定能走過，一如布彼的「左眼」，那就像生命中的一線生機，因為布彼沒有放棄，讓他找到了繼續生活的出口，也找到了重生的起點。

當你的生活突然陷入困境，感到備受折磨的時候，不妨聽聽布彼的生命吶喊：「夢想一定可以實現，只要我們不放棄！」

不要光對著阻礙發呆

阻礙一出現，很多人總是害怕結局挫敗，連一點克服的勇氣都提不起，明明是顆小石頭也成了他們失敗的最大阻礙。

沒有繼續突破的決心，再多的機會也都是白費；沒有繼續前進的勇氣，再多的失敗理由都只是藉口。

英雄的迷人之處，並不在於他處理事件後的結果，而是他在處理過程中所表現出來的氣魄和決心，而這些也正是許多人所缺乏的元素。

眾所周知，藍道魯夫‧邱吉爾是英國最卓越的軍事家、政治家，更是世界歷史中相當重要的一位人物。

從小便立志成為一名軍人的邱吉爾，從英格蘭赫斯特陸軍大學畢業後，曾在海軍服役多年，他曾跟隨過班格爾的槍騎兵連到過印度作戰，也曾在蘇丹的沙漠中與土著交過手。

一八九九年，南非爆發了一場戰役，邱吉爾被報社派駐前線，擔任戰時通訊員的工作。然而，邱吉爾來到戰場時，不只在前線報導最新消息，還經常深入戰區，尋找新聞的重要來源。

有一次，他為了獲取第一時間的新聞，冒著槍林彈雨深入敵後採訪，結果不小心被俘虜了，所幸機警的他，最後又逃出了敵

營。

這些驚險刺激的事情被前線其他記者報導後，一時間，英勇的邱吉爾竟成了英國人心目中的英雄，在此同時，布爾軍方也聽說了此事，開始追捕這位貴族之子邱吉爾。

躲過重重危機的邱吉爾，每天都將他的驚險過程一一寫在新聞稿上，報社則將他的稿子放在頭版頭條，並在第一時間全部刊登出來。

報上記載著，邱吉爾為了順利地逃過敵軍的嚴密搜查，經常抄小路潛逃；為了探知敵方的戰備狀況，也曾不顧危險地爬上貨運火車上，還明目張膽地通過敵軍的哨所。

為了保住性命，他經常一個人走過森林，獨自露宿荒野，甚至還曾躲進礦坑中過夜，在那個處處都是陷阱的沼澤地帶，他仍堅持崗位，不畏辛苦，奮力跋山涉水，為的就是提供前線第一手資料，幫助軍方了解敵情。

由於這些事情相當驚險，再加上邱吉爾生動的文筆，和充滿懸奇的故事結構，使得他在這場戰役中成了一名傳奇性的英雄。

一九○○年，他成了新聞界的重量級人物，因為全國人民爭相閱讀他的文章，也更加關注他的一舉一動。

不久，英雄凱旋歸來，當時還有人譜寫歌曲來頌揚他的偉大功績，而前來聆聽他有關這次經歷演講的聽眾更是比肩繼踵，盛況空前。

於是，因為這樣的勇氣與責任心，讓邱吉爾一路前進，成了英國史上舉足輕重的歷史人物。

在最危險艱難的時候，邱吉爾用冷靜和勇氣拯救了自己，更

幫助國家贏得了這場戰役。

面對歷史上的人物，就戰爭事件來說，人類有著相同的共識，那便是希望英雄人物不會再在戰爭中產生，然而就從人物精神的角度來看，的確，生命中若是缺乏了勇氣，即使只是件小麻煩的事，恐怕也無法克服。

阻礙一出現，很多人總是摸著鼻子發呆，因為他們害怕結局挫敗，連一點克服的勇氣都提不起，於是，明明是顆小石頭也成了失敗的最大阻礙。

其實，勇敢地跨出腳步並不難，只要你堅強地將雙腳踩踏出去，自然會發現，原來雙腳根本不會踩到那顆阻擋的石子，原來提起勇氣時的力量，竟會是那樣的大！

「刺激你」是為了讓你活得更好

讓我們回想生命中曾經遇到的刺激，再看看我們的周遭，有多少人因此而更加積極上進，又有多少人一味地停滯原地？

莎士比亞在《凱撒》劇作中這麼寫道：「任何一個被束縛的奴隸，都可以憑著自己的手掙脫鎖鏈。」

掙脫環境或命運束縛的動力，經常來自於外力的刺激。

很多時候，一個刺激便能喚起一個人的鬥志，當有機會被別人狠狠地刺激一下時，我們不妨將它視為老天爺的另一種關愛。

這年春天，查利先生不幸去世了，查利太太為維持這個家的生計，忽然想起丈夫生前曾賣過一些玉米給村裡的紳士杜恩先生，於是便叫十六歲的兒子約翰到杜恩家取款。

約翰對杜恩說明來意之後，杜恩這才恍然大悟地說：「對，你看我都忘了，對不起！」說著，便慢條斯理地拿出一塊美元給約翰。

但是，他接著卻說：「很抱歉，約翰，我必須告訴你一件事，你父親還欠了我四十美元。」

約翰一聽，登時目瞪口呆，因為四十美元對他們家來說可是一筆巨款，想起父親生前的好賭與懶惰，約翰一點也沒有懷疑杜

恩的說詞。

杜恩又問：「不知道你什麼時候可以還清你父親的債呢？」

只見約翰滿臉蒼白地回答說：「不知道，但我一定能還清這筆錢的。」

開始時，約翰把掙來的錢全都交給母親，直到母親那裡的存款足夠支撐一家人的基本生活開銷後，他便開始儲存要還給杜恩的錢。

當他累積了五美元時，再次踏入那幢宮殿似的大房子，對杜恩說：「先生，我想先還您五美元。」

杜恩點了點頭，鄭重地將錢收下。

有一天，一位鄰居塞夫對約翰說：「每年冬天我都會到森林裡打獵，去年冬天我光是賣掉動物的皮毛，就賺了兩百美元，不過你必須先準備七十五美元，買齊那些獵獸的工具。」

約翰聽完後，考慮了很久，決定再次跨入那幢宮殿似的大房子。但是，杜恩聽到他來借錢時，竟漲紅了臉嚷道：「什麼？你要我把這麼大一筆錢借給你？你要怎麼讓我相信，你不會在森林裡餓死或凍死，又如何能償還這筆錢呢？」

只見約翰堅定地說：「如果你不相信，那我就不麻煩你了！」

杜恩盯著約翰看了好久，好像想看透約翰到底有多少能耐，或讓他找到能相信約翰的理由。

最終，杜恩把錢借給了約翰。

念念不忘父親欠的那筆四十美元的約翰，正分心聽著塞夫的叮囑：「過河時，千萬不要在冰面走，現在的冰面已經變薄，你要仔細找出冰化河段，然後做個木筏划過去，雖然這要多花許多時間，但卻是最安全的方法。」

然而，心急的約翰並沒有將塞夫的這番話聽進去，不僅沒有

仔細找尋冰化河段，甚至看見河邊有一棵很高的大樹，便想：「如果能把樹幹砍倒，便足夠橫跨河面了。」

果然，樹一倒下正巧跨越到對岸，於是約翰小心翼翼地走在這座「橋」上，但走到一半時，樹幹突然搖晃了起來，一個重心不穩，整個人便掉到了河面上。

猛力的撞擊力量將冰面撞碎了，約翰就這麼沉到了水裡，而他身上的獵槍、皮毛和夾子等等，也隨著水流沖散不見了。

好不容易撿回一條命的約翰，再度來到杜恩的家，把事情的經過如實說了一遍，只見杜恩苦笑著說：「每個人都需要一段學習的過程，不過，你竟然用這樣一個教訓來『學習』，真不知道是你倒楣還是我倒楣？」

約翰回到家後，只好像先前一樣，每天踏實地從早忙到晚，到了夏天他又存下了五美元給杜恩，只是加上他借來買捕獵器具的錢，約翰目前共欠了杜恩一百零五美元。

到了秋天之時，杜恩竟然主動送了七十五美元給約翰，他對約翰說：「孩子，你已經欠我很多錢了，為了能夠早點收回這些錢，我想，你今年冬天再到森林去打獵吧！」

這次，約翰一個人來到河邊，花了一整天的時間，做了一個木筏……

過完冬天，約翰終於賺到了他生命中的第一筆三百美元，這不僅讓他還清了獵具的錢，也還清了父親所欠下的那四十美元。

從此以後，每到冬天約翰都會到森林打獵，慢慢地他也成了村鎮上的風光人物。在他三十歲那一年，杜恩去世了，而他在遺言中，竟然把他那幢宮殿似的大房子和一筆錢全給了約翰，此外，還有一封信：「其實，我從未借錢給你的父親，因為我不相信你父親能改變自己的命運。不過，當我第一次看到你時，我就感覺

到你的與眾不同，為了證明這一點，我決定要考驗你。杜恩。」
除了這封信外，信封袋裡還裝了一筆四十塊現金！

我們可以這麼說，杜恩是約翰生命中最重要的貴人，而遇到
杜恩則是約翰生命中的轉捩點。

看得出約翰需要被激勵的杜恩，雖然一開始時不斷地給人難
堪，甚至有貶抑對方的言詞，但再難聽的話裡，我們卻不難看見
杜恩期望約翰成功的關切，那關切表現在他嘲諷對方後，仍又適
時地出錢幫忙的行動裡。

讓我們回想生命中曾經遇到的刺激，也回想當初面對刺激時
的反應，再看看我們的周遭，有多少人因此而更加積極上進，又
有多少人一味地停滯原地，與人怒目相向？

每件事情的發生都有一定的背後意義，至於我們要讓這個「意
義」成為正面還是反面，決定權就在我們的態度中，一如約翰面
對杜恩刺激時的選擇一樣，而這正是杜恩默默地傳達給約翰的生
命態度。

信用是快樂人生的法寶

許多人希望日子過得再快樂一點，但是在尋找快樂的過程中，經常忽略了心的滿足，以為物質滿足了，心也一定會獲得滿足。

不要認為守信是一種生活的折磨，法國作家巴爾札克告訴我們：「一個人嚴守諾言，要比守衛它的財產還要重要。因為，嚴守諾言就可以得到財產，但是，無論獲得多少財物，都無法抹煞背信所造成的污點。」

從商業市場的角度來看，「信守諾言」和「無愧於心」是經商的必須法則，當然，也是維護經濟市場公平所必須嚴守的法則。

佛蘭普科斯‧羅迪是一家小銀行的老闆，銀行的客源都是些移民人口。

一九一五年聖誕節前夕，銀行的出納員全都外出午餐，只有羅迪一個人留守，這時，突然有三個蒙面歹徒衝了進來，隨即把羅迪關進廁所後，迅速地將銀行裡的二萬二千美元全部搶走。

很快地，銀行被搶的消息傳了出來，存款戶聽到這個消息全都蜂擁來提款，雖然羅迪盡了最大的努力兌付，卻仍然無法全數還清，最後銀行被迫清算，緊接著宣告破產，這時，尚有二百五十個戶頭尚未還清。

　　從此，羅迪家一貧如洗。另一家銀行的主管對羅迪說：「銀行遭搶是外災禍，既然你已經宣佈破產了，可以不用背負那些債務，那些尚未償還的款項也不用還了吧！」

　　但羅迪極力反對，說道：「雖然法律上可以容許我這麼做，但是，我一定會負起這個責任，因為這是道義上的債務，我一定要還清！」

　　為了還債努力奮鬥，羅迪從早忙到晚，白天殺豬，晚上為人補鞋，家裡的孩子們則上街賣報，幫人搬貨物，一家人省吃儉用，慢慢地一點一滴存了一些錢。

　　只要一有了還債條件，羅迪就會先行處理，當他聽說哪位儲戶生計發生困難，他便先將手邊錢還給那位儲戶。

　　接下來，羅迪皆依照各儲戶的經濟能力，作為優先償還的順序，由於時間距離越來越長，許多儲戶名單他也越來越記不清楚，於是他在報上刊登廣告，尋找這些存款人。

　　有一天，他得知加利福尼亞有三位久未露面的儲戶，於是他立即將存款分別寄還給他們，但是令他感動的是，其中有兩個人竟把錢退還了回來，還請他轉送給窮人，或贈予他們的孩子。

　　在銀行被搶後的第三十一年，羅迪已還清了二百五十位儲戶的款項。

　　這年的聖誕夜，羅迪和孩子們齊聚在一起寫卡片，孩子們想要和所有儲戶分享他們的成果與祝福，因此在賀年卡上寫著：「自一九一五年銀行遭劫後，家父的事業被迫停業，不過，當時家父曾向各位保證的償還行動，如今全部都已經兌現了，我們很感謝您的體諒，並請您分享我們完成承諾的喜悅，祝大家聖誕快樂！」

　　當最後一張賀年卡寄出時，羅迪充滿喜悅地說：「我很快樂，因為我無愧於我當年的承諾。」

「信用是快樂生活的法寶！」這是羅迪在故事中傳遞出來的結論。

在群居的社會裡，每個人都在找尋生活的平衡點，當然也有人像羅迪一樣，要的只是一份簡單的生命價值。

許多人希望能讓日子過得再快樂一點，但是在尋找快樂的過程中，經常忽略了心的滿足目標，以為物質滿足了，心也一定會獲得滿足，但如果真是如此，又怎麼會有那樣多「千金難買」的喟嘆呢？

從羅迪的信用角度來看，我們知道，人生價值與快樂生命最迅速獲得的方式，正是你能堅守的「信用」。

誠實是最珍貴的生命價值

能為了信守承諾而不惜付出一切的人，其實也
直接擁有了一份珍貴的財富，那便是因為信用
所帶來的生命價值。

「一諾千金」是人際關係中的美好德行，一旦失去了誠信，
我們便很難再獲得人們的肯定。

試想，當人們對你處處提防或懷疑時，我們又如何能繼續前
進呢？

以誠實和信用立身的政治家福克斯，在英國歷史上十分有名，
因為在那個充滿欺騙的政治背景中，英國人對政治根本提不起興
趣，直到福克斯的出現。他給了他們政治承諾的信心，進而團結
了人民的心。

其實，一開始踏入政治領域的福克斯，遭受到不少質疑，譬
如他受邀至某大學演講時，便有學生問他：「你在從政的道路上
沒有撒過謊嗎？」

福克斯嚴肅地說：「從來沒有。」

但是，學生們似乎不太相信他的保證，台下有人竊竊私語說
著：「每個政客都會這麼說，他們哪一個不是大聲地發誓說：『我
從來沒有撒謊！』可是事實上呢？」

　　福克斯聽到這個耳語，一點也不惱怒，平靜地對他們說：「孩子們，也許我很難證明自己是個誠實的人，但是，你們要相信這個世界上確實仍存在著『誠實』這兩個字，而且一直都發生在我們身邊。」

　　「嗯，」福克斯接著說：「我來講一個故事吧！」

　　福克斯說，曾經有位紳士準備將庭園裡的舊亭子拆掉，於是他請了工人前來拆除。沒想到他的孩子卻對拆亭子很感興趣，因而對他說：「爸爸，我很想看看他們怎麼拆掉這座亭子，你可不可以等我放假回來時再拆？」

　　父親點了點頭答應了，雖然他答應了孩子，但就在孩子離開後，工人很快便把亭子拆了。

　　孩子放假回來後，發現亭子竟然拆除了，十分不開心，對父親說：「爸爸，你為什麼撒謊？」父親這時驚異地看著孩子，孩子說：「你不是答應要等我回來後再拆嗎？」

　　父親說：「對不起，爸爸錯了，我應該遵守自己的諾言。」

　　於是，父親又召來了工人，請他們照著舊亭子的模樣在原地重建一座。

　　亭子建造好後，他便把孩子叫來，轉頭又對工人說：「請你們再把這座亭子拆了吧！」

　　福克斯說：「其實，這位父親並不富有，因為我認識他，但是他卻仍堅持要為孩子實踐自己的諾言。」

　　學生們聽完之後，紛紛好奇地問：「請問這位父親叫什麼名字？」

　　福克斯溫和地說：「他已經過世了，不過他的兒子還活著。」

　　有學生問道：「那他的孩子在哪裡？相信他一定是個相當誠實的人。」

福克斯平靜地說：「他的孩子現在就站在你們的面前！」

福克斯最後說：「我想告訴你們，我會像我的父親一樣，為實現自己的諾言而為你們拆一座亭子的。」

聽到這一句話，台下立刻響起了如雷的掌聲。

父母的觀念必定會被孩子們繼承，誠信的重要是要從父母的行動中，潛移默化至孩子們的心中，就像福克斯的父親一樣。

也許很多人不以為然，認為道理用說的就好，何必大費周章地建了亭子，又拆了亭子？

或者，這只是行動觀念上的差異，然而身教更重於言教，看著福克斯演講時的果決與堅持，我們便也看見這座亭子帶給福克斯的成功與希望。

能為了信守承諾而不惜付出一切的人，其實也直接擁有了一份珍貴的財富，那便是因為信用所帶來的生命價值。

把失敗連接到成功的出口

我們幾乎每天都面對這些大小不一的挫敗，我們都有著不同的忍受程度，有些我們會一笑置之，有些則會成為生活煎熬的開始。

美國詩人朗費羅在談論人生的際遇時曾經寫道：「失敗可能是變相的勝利；最低潮就是最高潮的開始。」

我們可以把失敗轉變為成功的踏腳石，當然更可以從失敗的入口連接到成功的出口，指引這條道路的明燈，正是我們決心克服的智慧。

巴尼是個伐木工人，這天他獨自一個人在山林裡伐木，忽然，一棵正被他鋸斷的大樹就要倒下時，竟被對面直挺挺的大樹彈了回來。

巴尼一時閃躲不及，右腿便被沉重的樹身壓住，頓時血流如注，面對這個意外，他第一個反應是：「我該怎麼辦？」

由於這個林地相當偏遠，周圍幾十里內根本不可能有人出現，巴尼心急如焚，如果十小時以內沒有人來救他，他恐怕會因為流血過多而死去。

轉念間，巴尼告訴自己：「我不能再等了，我得靠自己的力量了。」

於是，巴尼忍住身上的痛苦，眼睛仔細地掃視四周，隨即發現不遠處躺在地上的電鋸。

只見他用斷了的斧柄將電鋸勾到手邊，他原本想用電鋸，將壓在腿上的樹幹鋸掉，可是他很快又發現，這根樹幹竟斜倒著，電鋸放到上面，竟正好卡在樹幹上，根本拉動不了。

登時，絕望情緒一下全湧了上來巴尼喃喃說道：「看來，我是無法逃離死神的召喚了。」

當他感到完全絕望的時候，腦海中忽然一閃：「為什麼我不……」

為了保住性命，這個可怕的方法令他不能再多想，因為一旦有了遲疑，心裡有了恐懼電鋸恐怕便動不了了，而他的性命也要就此結束了。

「達……」電鋸聲忽然在寂靜的山林響起，只見巴尼將鋸刀朝著自己的大腿上，猛地劃了下去。

沒想到他竟然將自己的腿鋸斷了，巴尼事後回想說：「當時真的沒有其他的辦法了，沒有把大腿鋸掉，我根本沒法子離開現場，也無法走到道路上求援啊！」

曾經有位哲學家的女兒，靠自己的努力成為著名的服裝設計師，當人們問到她成功的原因時，她說全歸功於她的父親。

因為，父親曾對她說：「人生難免會遇到失敗，而妳面對失敗時的最好辦法，就是要去阻止它、克服它，並扭轉它成為妳的成功步伐。」

也許，有些時候我們確實無法克服眼前的失敗，但我們可以換個角度思考，發揮自己的智慧，設法讓失敗改道，變大失敗為

小失敗，並從失敗中找出成功的道路。

　　人生的旅程難免會遇到失敗，更確切地說，我們幾乎每天都在經歷著各種挫折和失敗，面對這些大小不一的挫敗，我們都有著不同的忍受程度，有些我們會一笑置之，有些則會成為生活煎熬的開始。

　　但是，只要你能熬過這個難關，能在生命最關鍵的時刻積極前進，那麼所有失敗對你來說，都只會是一個逆向的微風。

發現生命中永遠的春天

人與人之間是互相連接的個體，冷酷吝嗇的
人，不僅很難有寬廣的生活空間，而且也會逐
漸失去快樂的泉源。

英國作家馬克‧拉瑟福德曾經寫道：「每個人身上都有一口
泉眼，不斷噴湧出生命、活力、愛情。但是，如果你不為它挖溝
疏導，很快地，它就會把周圍的土地變成沼澤。」

真正的個人主義只是要提醒自己，站在人群中不要迷失自己，
而不該站在人群外，用個人主義的論述來孤立自己。

有一則日本童話說，很久以前有個性格冷酷的國王，在他所
統治的國度裡，到處都覆蓋著一層又一層的皚皚白雪。

在這裡，沒有人聞過花的芳香，更沒有人見過青翠的草地，
雖然許多人都聽說過繽紛世界的美麗，但是不知道為什麼，這裡
就是等不到「春天」。

有一天，國王看著緩緩飄下的雪花，忍不住嘆了口氣道：「為
什麼這裡沒有春天呢？我要怎麼樣才能找到春天呢？」

當國王陷入沉思的時候，有位流浪的少女忽然來到了皇門前，
用力地敲著門。她苦苦哀求著：「求您行行好，我流浪了好久，
請求您提供我一點食物，和一個睡覺的地方，好嗎？我真的好餓

好累啊！」

　　看到這個流浪少女，這位冷酷的國王打從心底感到厭煩，迫不及待地叫隨從將少女趕走。

　　可憐的少女辛苦地在風雪中苦行，好不容易才走進了森林。

　　正巧有位農夫在森林中工作，他一看見滿臉病容的少女，連忙上前攙扶，並邀她進到屋內休息：「屋裡有火爐，那兒比較溫暖！」

　　少女心懷感激地點了點頭，好心的農夫扶她到火爐邊後，連忙又為她蓋上了毛毯，並將家裡僅存的麵粉做成了麵包和熱湯，準備給女孩充饑。

　　但是，沒想到當他把麵包和湯端到少女面前時，少女竟然已經死去了。

　　難過的農夫心疼地將少女埋葬在後院的田地裡，並將麵包和湯也擺放在少女的身邊，最後並為她覆蓋上毛毯。

　　第二天一早，農夫醒來，想起了昨晚的可憐少女，忍不住來到了她的墓地弔念。

　　令人驚奇的是，墓地上竟開出了好幾朵彩色的小花，在這片冷酷的雪地裡顯得美麗萬分。

　　「難道，春天來了？」農夫心想。

　　是的，真的是春天來了，這個女孩就是「春天」，因為善心的農夫接納了她，更誠摯地接待了她，讓春天的心有了滋潤，也讓她再次回到了大地，再次帶來了春的訊息。

　　很動人的一篇文章，故事中的寓意更是相當深遠，在這個標榜個人主義的社會中，從中也許我們可以得到不少啟示。

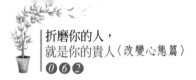
　　生命不會是單一的，思考的獨立與自主，不代表我們應該過著冷漠或疏離的生活狀態。

　　事實上，人與人之間是互相連接的個體，我們彼此都有著互相依靠的必然性，而冷酷吝嗇的人，不僅很難有寬廣的生活空間，而且在個人的天地裡生活久了，也會逐漸失去快樂的泉源。

　　與人相交能夠真心付出愛和關懷，才能攜手共築幸福的社會。即使身在隆冬，只要我們願意以和為基地，我們自然會一直為春意所關照著。

PART 3

別想太多，
先行動後再說

機會一直在身邊，

我們不需要知道哪裡是最好的起點，

只要雙腳積極地跨出了第一步，

雙腳踩下的位置就是最好的起點了。

用力呼吸就會看見奇蹟

人生根本沒什麼事值得我們停下腳步哀怨悲嘆，生命的奇蹟全靠你的創造決心，至於走或不走也全都決定在你腳下。

每當某地發生地震時，我們經常看見差點被埋葬在土堆中的生命，在世人們的驚嘆聲中重見陽光，並展現生命的韌性。

當他們重見天日的那一剎那，不知道你有沒有發現，好多人在帶上氧氣罩前，都曾是用力地吸了一口氣。

這個用力呼吸的動作，不只是為了確認自己真的活了下來，更要讓人們知道：「只要有活下去的意志力，奇蹟就會發生。」

二十七歲時，貝多芬的聽力開始出現狀況，從左耳到右耳，聽覺隨著年齡的增長慢慢衰退，一直到五十二歲那年，貝多芬雙耳已完全失聰。

對一個音樂家來說，失去聽覺能力是一件相當大的打擊，在如日中天的時候遭逢如此巨變，對貝多芬來說確實是件難以承受的打擊，曾經動過自殺念頭的他，靠著堅強的意志力救回自己。

他不斷地告訴自己：「我要捉住命運的咽喉，我絕不能被它打敗！」

二十二年來，貝多芬想盡辦法讓樂聲夠透過各式工具傳進耳

朵，他還設計了一個可以固定在頭部上的喇叭型助聽器。

耳朵聾了之後，貝多芬更加努力學習，因為他認為時間實在太珍貴了，如果有片刻停滯，那麼和音樂共享生命的時光將會失去更多。

為了讓音樂的火花永不熄滅，更加勤奮學習的他，幾乎一整天都在練琴，經常彈到雙手發紅發熱。但是，他並沒有因此停下休息，因為他在鋼琴的旁邊放了一盆冷水，手過熱便往水裡泡了泡，接著便繼續彈奏，不知不覺中，雙手撩撥至地板上的水滴，竟然多到滲漏至樓下的屋裡去了。

不放棄，奇蹟自然會發生，在對抗頑強遭遇的生命時光裡，貝多芬積極地譜出了一首首不朽名曲，無論是《命運交響曲》，還是《月光奏鳴曲》，又或是歌劇《菲德利奧》裡的序曲……等等，每一首動聽的音樂都可以說是貝多芬的生命之作。

在脫離了世俗煩擾之後，貝多芬反而更能聆聽、尋覓到他想要的生命樂章。

與命運搏鬥過的人常說：「只要用力呼吸就會看見奇蹟！」真的只要用力呼吸就可以了嗎？

是的，因為我們從貝多芬的身上得到了證明，證明生命無論遭逢怎麼樣的災難，只要我們願意積極爭取，積極與命運對抗，厄運終將向我們低頭。

人生沒有什麼不可能，貝多芬從二十七歲開始，便面對著失去聽覺的折磨，但是，這位舉世景仰的音樂大師對人生並沒有過多的埋怨，雖然生活艱困，也曾到了讓他承受不了的時候，然而，他很清楚：「就此放棄了，我的生命也結束了！」

「我不能就這麼放棄了！」相信這是貝多芬在面對厄運之時的提醒，當然，也是正面臨著人生艱困的人，應當給自己的勉勵聲音。

聆聽貝多芬的命運交響曲時，不知道那動人的音符是否震撼著你的心？仔細想想，人生根本沒什麼事值得我們停下腳步哀怨悲嘆，關於生命的奇蹟則全靠你的創造決心，至於走或不走也全都決定在你腳下。

現在就是你開始的最好時機

只要繼續努力，夢想希望一定可以實現。人生任何時候都是最好的開始，年齡絕不是退縮的藉口，更不是勇氣降低的理由。

　　不要再說「早知道……」與「但是……」，因為不管你怎麼使用，它們只會讓生活更加不切實際。

　　其實，你不必懊悔已逝的昨日，更不必等待明天才開始行動，因為，現在就是你開始的最好時機，不管準備做什麼，眼前你只需要對自己說：「好，一切就從現在開始！」

　　二十多歲才到美國的海茵絲，只受過六年的基礎教育，因此，無論在表達能力上或是英語會話，都非常糟糕。

　　一想到自己在美國的競爭實力如此薄弱，海茵絲更加積極學習，她知道年齡不會是學習的阻礙，只要肯用心，一定可以在這個競爭激烈的國度裡走出自己的一片天。

　　一開始，她找了一份幫傭的工作，從中開始學習基本的會話能力。

　　五年後，海茵絲的英文能力不僅提升了，銀行裡也有了一筆積蓄，這時她決定將兩個孩子接到美國一同生活，然而，就在她準備回國帶孩子過來之前，卻為了繳納稅款而耗光了所有積蓄。

在不得已的情況下，海茵絲只好暫時擱置接孩子們到美國的計劃，繼續努力工作，三年後她總算有能力帶孩子過來了。

一直從事傭人工作的海茵絲，從來不因為自己的工作而感到自卑，反而積極利用閒暇時間學習，其中還包括她夢想的醫學。

當教育程度檢定證書頒下後，海茵絲立即來到當地的大學報名，因為她希望能早日實現心中的夢想。只是，人生難免會有些阻礙，由於她受教育的情況有限，校方不願意錄取她。

海茵絲了解情況後，只說：「好，我一定會補齊所有證書。」

成功企圖心相當強烈的海茵絲，很快地便拿到A級畢業證，接著便積極地洽詢各地方醫學專業學校，然而，無論她走進哪一間醫學院，每一所學校的答案都是：「對不起，您已經四十歲了，年紀似乎有點大了！」

然而，對海茵絲來說，年齡當然不應該是成功的阻礙，即使沒有人願意幫她，她仍然堅持努力下去。

後來，她終於遇見願意幫她圓夢的人，約翰・霍普金斯大學的主任看了她的成績，也了解她整個奮鬥過程，決定錄取她，並全額補助她的學費，好讓她能安心地學習研究醫學。

人生的最佳時機是在什麼時候？

有人會說越年輕越好，也一定有人會說雙十年華最佳，當然也有人會認為等年紀大一點後再說，但是不論哪一種看法，目的都是為了找到人生最好的開始時機，而最終目標也都是為了能達到成功未來。

只是答案如此分歧，似乎反而更讓人困惑，畢竟分屬不同年齡層的你我，不管選取哪一個答案，還是會遇到不同程度的侷限，

那些不只是年齡問題而已，還包括了能力與實力等等的囿限。

這些問題，其實也發生在海茵絲的身上，只是她為何仍能成功呢？

原因很簡單，因為面對「人生最佳時機」這個問題時，在海茵絲的心中只有一個答案，那便是「現在」兩個字！

即使是一眨眼便來到四十歲的人生分水嶺，她也從未考慮退縮。為了讓夢想實現，她一步步地緩慢累積，即使花費了比一般人還多的時間，她也從未悔後過，更從未有過埋怨與放棄的念頭。

因為她知道，只要繼續努力，她的夢想希望一定可以實現。

正是憑藉著這樣無比堅強的決心和毅力，讓已經四十歲的海茵絲，仍能堅定意志繼續向前進。

雖然海茵絲不斷被人們拒絕，但故事中充滿了鬥志與企圖心的她，始終都相信自己一定會成功！

人生任何時候都可以是最好的開始，年齡絕不是退縮的藉口，更不是勇氣降低的理由，只要不選擇閉上眼睛，我們就一定能打開自己人生的窗口，看見成功的未來。

積極行動是成功的唯一個秘訣

 生活沒有什麼特殊方法，追求成功更沒有什麼
絕對公式，只要能用心生活、積極實踐，我們
自然會找到屬於自己的成功秘訣。

　　與其待在家裡苦心鑽研前人的成功經驗，不如自己親自實踐，
即使走得跌跌撞撞、傷痕累累，也絕對比紙上談兵來得更加實際。

　　因為，每一個成功者都是在跌跌撞撞中走過來的，雖然經常
傷痕累累，但是他們在飽受折磨之際明確知道：「沒有親自經歷
過這些辛苦路程，我們永遠也找不到成功的入口。」

　　有個渴望成功的人，心中一直存在著這麼一個疑問：「我研
究了那麼多位成功人士的經驗，他們的心得我全都能倒背如流，
可是，為什麼我還不能獲得成功呢？」

　　這個努力研究成功秘訣的人，有一天遇到了一位東方的哲學
大師，立即趨上前，著急地問：「請問，我要怎麼才能成功呢？
又……」

　　大師看了這個人一眼，不等他說完問題，便回答：「你還有
時間來問我如何追求成功啊？請問你用了多少時間去實踐它呢？」

　　從東方來到西方，這樣的問題似乎不受地域所圍限，有個年
輕人也曾問蘇格拉底相同的問題。

不過，蘇格拉底卻對年輕人說：「明天早上，你到河邊來找我吧！」

第二天早上，年輕人與蘇格拉底在河邊見面了，這時蘇格拉底居然帶著年輕人，朝著河裡走去。

當河水淹沒至他們的脖子，蘇格拉底忽然將年輕人的頭往水裡按壓，年輕人完全沒有預料到大師居然會這麼對他，只見他拼了命地掙扎，但強壯的蘇格拉底卻怎麼也不讓他伸出水面透氣。

直到年輕人奄奄一息時，蘇格拉底才將他拉出水面，好不容易重見天日的年輕人，這時努力地深吸了一口氣。

這時，蘇格拉底問道：「在水底時，你最需要什麼？」

年輕人回答：「空氣！」

蘇格拉底點了點頭：「嗯，這就是成功的秘訣！當你渴望成功的慾望能像剛剛渴求空氣一樣強烈時，你自然會獲得成功。」

曾經有人問旅館業大亨希爾頓：「你什麼時候知道自己會成功的呢？」

希爾頓說：「當我還窮困潦倒地睡在公園的長板凳上時，我就已經知道自己會成功了。因為我知道，一個人一旦下定決心要成功，那便表示他已經踏出成功的第一步。」

成功的慾望越強，生命自然會激發出無比的實踐動力，那就像比賽生存遊戲時，為了能活下去，我們自然會發奮拼搏，不戰勝對手絕不放棄。

成功的秘訣真有那麼重要嗎？抄寫了那麼多別人的成功經驗，事實上又給了我們多少幫助？

每一個人的成功路不可能完全相同，不同的人會遇到不同的

阻礙，也因為腳步的不同，會碰到不同的困難，然而，無論沿路有多少不同，成功人士始終有一個共通點，那便是一定要成功的決心與企圖心。

有了決心與企圖心，我們便會積極行動，所以當故事中的哲學大師微慍地斥問年輕人，為什麼不好好利用時間行動時，我們也得到了一個訓示：「再多的成功秘訣也比不上你的積極行動。」

生活沒有什麼特殊方法，追求成功更沒有什麼絕對公式，只要能用心生活、積極實踐，我們自然會找到屬於自己的成功秘訣。

別想太多，先行動後再說

機會一直在身邊，我們不需要知道哪裡是最好的起點，只要雙腳積極地跨出了第一步，雙腳踩下的位置就是最好的起點了。

過多的猶豫往往帶來懊悔，一再地遲疑總是帶來了遺憾。

不想再錯過，那麼凡事就別再想那麼多，因為只要你一天沒有行動，所有行動前的疑慮全是多餘的。

只有小學學歷的瑞典化學家舍勒，從十五歲起便在一家化學藥房裡工作，而這裡也是讓舍勒晉身化學家之列的重要開始。

舍勒曾經這麼說：「關於那些化學知識和技能，其實我是偷偷學會的！」

為什麼是「偷偷」的呢？

原來，這間藥房的老闆十分嚴謹，為了避免員工胡亂使用他的實驗室，明文規定：「沒有經過特殊許可，任何人都不得踏入我的實驗室。」

然而，正在研究孔克爾《實驗室指南》的舍勒，卻有些忍耐不住了，因為書中的所有實驗讓他充滿了好奇。有天，他對書中某一段論述產生了疑問，為了解開這個迷團，不時在老闆的實驗室門口踱步。

　　這天深夜，舍勒實在忍不住了，於是點上了蠟燭，偷偷地溜進了實驗室，然而，就在他聚精會神地進行實驗時，耳邊突然響起了一個嚴厲的聲音：「誰在裡面？」

　　舍勒猛地嚇了一跳，慌張地抬起頭，只見身邊正站著同事格倫貝格。

　　「你差點嚇死我了！」驚魂甫定的舍勒不禁埋怨地說，不過，此刻他的心中總算落下了一塊大石頭。

　　「這麼晚了，你在實驗室做什麼？」格倫貝格不解地問。

　　「因為我睡不著呀！」舍勒指著桌上的《實驗室指南》和實驗裝置。

　　接著，他又感慨地說：「孔克爾的書上說，鹽精和黑苦土不能混合，我想驗證一下，看看書上寫的對不對。」

　　格倫貝格明白地點了點頭，說道：「原來如此，不過，你可要注意身體，別熬得太晚啦！」

　　舍勒笑著點頭：「放心，我會注意的，希望你能幫我保守秘密，千萬別讓老闆知道了。」

　　格倫貝格默默地點了點頭。

　　舍勒仔細實驗後，證明了孔克爾其實是把石墨和軟錳礦混為一談了，後來，他更用軟錳礦製造出氯氣。

　　就是這樣，舍勒一有疑問就會背著老闆偷偷地走進實驗室，雖然這個方法經常讓他提心吊膽，但這樣的過程，卻讓他從沒沒無聞的小藥師，躋身知名化學家的行列。

　　因為阻擋不了研究熱忱，舍勒不得不偷偷地學習，但是，也因為積極學習的態度，最終不僅讓他解開了自己心中的困惑，還

更進一步為人們開創了嶄新的化學天地。

　　再多的生活阻礙也不該是退縮的藉口，生活中處處都會遇到阻擋，但是只要心中期望仍在，我們就絕不能給自己退縮的機會，只要能勇敢地再進一步，我們就一定能達到夢想的終點。

　　舍勒的奮鬥過程告訴我們這樣的寓意：「雖然會遇到麻煩，但是你不去做，永遠都不知道結果如何。當機會來時，你說什麼也絕對不能放棄，否則你的人生將在不斷的後悔中前進。」

　　機會其實一直在我們的身邊，我們不需要知道哪裡是最好的起點，因為只要雙腳積極地跨出了第一步，雙腳踩下的位置就是最好的起點了。

安逸是生存遊戲裡的第一殺手

太沉緬於安逸的生活中，是所有追求成就者的致
命傷，因為生活在安逸平順的日子裡，我們很容
易失去鬥志，更容易失去積極向上的企圖心。

古人說：「傲不可長，慾不可縱！」

一旦長時間沉浸於享樂的生活裡，我們便會習慣於安逸的消
極氣氛中，以致遺忘了曾經的夢想，從而喪失積極進取的鬥志。

一九四二年冬天，盟軍的兩支部隊分別從紅海東岸和地中海
沿岸，向駐紮在北非的一個德國軍營前進，他們的任務是要從納
粹集中營裡救出五百多名英國軍人和北非土著。

當時，英軍先穿過了叢林，也渡過了尼羅河，一路上平安無
事，不僅沒有敵軍埋伏，也沒有遇到野獸襲擊。

但是，美軍就沒有這麼幸運了，他們從紅海東岸啟程後，不
僅要穿越一片大沙漠，還得渡過一條沒有橋的河流，真正危險的
地方是，他們行軍的路線必須衝破敵人的兩道防線。就在他們突
破第二道防線時，希特勒部署在蘇丹東部的一個部隊向他們直撲
而來，此時美軍兵團個個都相當疲憊了。

十天後，盟軍按計劃拿下了阿爾及利亞東部的德軍駐紮點，
而讓這項營救任務成功達成的最大功臣，正是原本已疲憊不堪的

美軍士兵。

　　當時危在旦夕的美軍，發現德軍追上來時，他們其實已經順利完成進軍路線，準備撤退了。

　　但是，就在他們開始撤退的途中，卻遇到一名英國士兵帶來了一個不幸的消息：「我們的部隊突然被德軍衝散了。」

　　聽到這個消息，美軍指揮官斯特羅斯著急地問道：「你們的軍隊那麼強大，怎麼會這麼輕易地被打敗了呢？」

　　這名英國士兵低下了頭，無言以對，因為連他自己也不知道為什麼。

　　戰爭終於結束了，但是在這名士兵的心中仍然有個未解之謎，以為永遠都無法解開的問題，卻在他輕鬆享受太平盛世的日子中，慢慢地解開了。

　　十年後，老士兵來到了日本旅行，在旅途中，他偶然發現幾個孩子們正在玩一種叫做「生存」的遊戲。

　　在這個遊戲的卡片上，分別畫有老虎、狼、狗、羊、雞、獵人等圖案，三個孩子各拿了一副卡片，暗中出牌，凡遇到老虎的卡片，全部都會被吃掉。不過，如果有兩個獵人出現，那麼他們就可以一塊兒打死一隻虎，但是若有兩隻狼出現，那麼這兩隻狼則可以吃掉一個獵人。

　　老士兵認真地看著小朋友玩這個卡片遊戲，笑著說：「這樣的遊戲規則挺合理的耶！」

　　但是，當遊戲越來越接近尾聲時，他卻注意到，怎麼規則越來越失去了常理？因為他發現，當孩子手中的虎和狼都滅亡後，接下來，一隻羊竟然可以吃掉一隻狗！

　　他不解地問：「羊怎麼能吃掉狗呢？」

　　只見三個孩子認真地回答說：「當然囉！因為虎和狼都沒有

了嘛，那麼狗狗不就會很自然地處在一種安逸且放鬆的享樂狀態中？於是，在這個生存遊戲中，這隻安樂狗不僅可能會被一隻羊吃掉，甚至兩隻雞加在一起，也能夠將牠殺了呢！」

另一個小朋友用一種頗富哲思的話說：「少了競爭對手，就等於少了危機和競爭，然後動物們就會開始鬆懈自己，慢慢地牠們就會變得越來越萎靡、倦怠，再強壯的動物都會走向頹廢或滅亡。這是我們老師說的，難道你以前沒學過嗎？」

老兵一聽，恍然大悟：「原來，這就是我們失敗的原因啊！」

從小處發現大道理的老兵，心中的驚訝或許更甚於當年英軍失敗吧！

太沉緬於安逸的生活中，是所有追求成就者的致命傷，因為生活在安逸平順的日子裡，我們很容易失去生命的鬥志，更容易失去積極向上的企圖心，在這個情況下，一旦困難出現或遇到挫折，許多人都將不堪一擊。

事實上，無論生活中有多少失敗的理由，很多人都不願承認自己其實是個「好逸惡勞」的人，就像許多失業或一直原地踏步的職場失意人，仔細深究，就不難發現，他們失敗的主要原因是因為太長時間的安逸生活所致。

在故事中，我們從童言童語裡聽見了生命的競爭過程，但也不必太過吃驚，因為這是最簡單的生存原理。

信用是別人評斷你的唯一標準

每一個諾言都必須緊密串聯，一旦其中某一環節失守，那麼無論我們實踐了多少承諾，都要全盤被推翻，一切都得重新開始。

日本企業家松下幸之助曾說：「信用既是無形力量，也是無形財富。」

握在我們手中的成功要訣有很多項，其中以「信守諾言」最為重要，因為這是別人評估我們的唯一標準，也是支持我們突破困難的後盾力量。

蘇希‧奧爾曼是一名著名的財經專家，曾經出版過《金融自由的九大步驟》和《致富的勇氣》等書，讀過這些書的人都會發現，只要她一提到自己的第一份工作，都會一再地強調「信用」的重要性。

當年，奧爾曼的第一份工作是在一家小餐館當侍者，那些年裡，讓她最難忘的是一位名叫弗雷德的客人。

這個客人是位電器推銷商，幾乎天天都會到這間餐館來用餐，而且每次都是點火腿套餐，最喜歡吃的是「蒙德利乾酪加煎蛋捲」。每一次，奧爾曼一看見他朝著餐館走來時，就會立即收拾好他常坐的位子，並送上他一成不變的晚餐。

當然，她也從來都沒有忘記，要送餐時再給他一個燦爛的微笑，讓他有個最享受的用餐情緒，而這麼做，其實也是做侍者最基本的態度。

那時，奧爾曼最大的夢想就是要擁有一家自己的小餐館。

有一天，她向父母說了自己的想法，並請求他們資助她，但是父母親卻對她說：「寶貝，我們沒有足夠的錢來幫助妳啊！」

聽到這個現實又殘酷的消息，奧爾曼的心情頓時跌入谷底，甚至還影響了第二天的工作情緒。

帶著失望的心情上班的奧爾曼，實在展不開笑顏，而每天都會看見她笑容的弗雷德，一看見她就問：「女孩，為什麼今天的陽光不見了呢？」

奧爾曼聽見有人關心，忍不住深深地嘆了口氣，接著便向他說出心中的夢想，和無法實現夢想的苦惱。

弗雷德聽完後，只輕輕地安慰她一聲：「沒關係，一定有機會的！」

沒有想到隔天，弗雷德竟拿了一張五萬美元的支票給她。奧爾曼一臉茫然地看著支票，心想：「我可以收嗎？怎麼會有這麼好的事呢？」

只見弗雷德笑著說：「這不是免費贈送的喔！這筆貸款的唯一抵押品是妳的誠實，總之，我認為妳的夢想值得實現。」

後來，奧爾曼的小餐館並沒有成功，但她始終沒有忘記弗雷德對她的信任。奧爾曼跨出了這一步後，反而更清楚自己的努力目標，在她賺足夠了錢後，便立即將這五萬美元債款和累積下來的年息，一併還給了弗雷德。

不久之後，她又收到弗雷德的鼓勵：「這筆貸款是我一生中最成功的一次投資，它確實幫助了一個無助的女孩，更使她日後

成為一名成功的職業女性，我想這是我所有投資項目中收益最大的一項！」

至於奧爾曼則在書中回憶道：「是這筆債款讓我認識到，信用原來是我們最寶貴的財富！」

曾經有位知名的跨國企業家說：「信用之所以重要，那是因為它決定了別人對你的態度！」

信用的培養是由一個又一個的諾言所組成，而信用之所以很難獲得信任的主因，是因為每一個諾言都必須緊密串聯，一旦其中某一環節失守，那麼無論之前我們實踐了多少承諾，在此都要全盤被推翻，一切都得重新開始，即使已經抵達成功的門前。

從故事中我們看見，經由「不是免費贈送」這句話，弗雷德不只給了奧爾曼成就日後成功人生的機會，也給了她一個正確的生命價值觀，更讓她培養出堅守信用的美德。

一生最難遇見的是情義朋友

心存懷疑和戒心時，別人自然也會看見我們心
中質疑的溝渠，所以，從自己開始付出這份心
意，也許會更快遇見情義友人。

科學家達爾文曾說：「談到名聲、榮譽、快樂、財富這些東
西，如果和堅定的友誼相比，它們都是塵土。」

人生最難得的知遇，莫過於朋友間的推心相交，而生活中最
大的幸福，當然是擁有情義相挺的友誼。

有個名叫皮斯阿司的義大利年輕人，無意間冒犯了暴君奧尼
索司，可怕的奧尼索司一點也不給皮斯阿司反駁的機會，立即判
他處以絞刑。

無辜將被處死的皮斯阿司，臨死前苦苦哀求奧尼索司，希望
能給他一個回家探望母親的機會。

沒想到脾氣暴戾的奧尼索司竟然答應了，想到可以再見母親
最後一面，皮斯阿司感動得用力磕著頭。

但是，國王這時竟提出了一個條件，令皮斯阿司頓時又失去
了希望。國王說：「好哇，不過在此之前，你必須找一個人來幫
你坐牢，否則你還是不能回家探望母親。」

「有誰肯冒著被殺頭的危險替別人坐牢呢？那豈不是自尋死

路嗎？」

　　大臣們聽到國王這麼玩弄皮斯阿司，無不面面相覷，不約而同地搖了搖頭。然而，偏偏就是有人不怕死，這個願意挺身幫皮斯阿司坐牢的人，正是他的好朋友達蒙。

　　達蒙自願代皮斯阿司住進牢房後，皮斯阿司連忙趕回家中，向母親訣別。許多人聽說這個消息時，開始傳頌這件表現無比情義的事件，當然，也有人觀望著事情發展的結果。

　　時間滴答滴答地快速流逝，眼看行刑日期在即，皮斯阿司似乎已一去不回頭了，城裡每個人開始議論紛紛：「達蒙一定被皮斯阿司騙了，好不容易逃走了，他怎麼可能還會回來尋死呢？」

　　行刑日已經來到，這天早上天空下著斗大的雨滴，似乎正預示著什麼事情將會發生一般！當達蒙被押赴刑場時，圍觀的人們全都在嘲笑他的癡傻：「哪有人那麼笨啊！」

　　但是，刑車上的達蒙似乎一點也不後悔，不但滿臉傲氣，臉上還表現一種慷慨赴死的豪情。

　　絞繩已經套著達蒙的脖子上了，現場許多膽小的人嚇得都閉起了雙眼，在他們的心中，更充滿了義憤，他們為達蒙的情義深感惋惜，當然也更加痛恨出賣朋友的皮斯阿司。

　　「我回來了……我回來了……」

　　就在這個時候，皮斯阿司渾身溼透地從大雨中飛奔而來，不斷地高喊著：「我回來了……」

　　原本已閉上眼睛的人們，這會兒全都睜大了雙眼，現場不斷響起了如雷的掌聲和呼喊：「他回來了……」

　　多麼激動人心的一個畫面，甚至還有人以為自己在做夢，不停地輕揉雙眸，當兩個好朋友的身影相聚在一起時，這才相信：「這是真的！」

消息很快地傳到了國王的耳中，原本也認為是癡人說夢的國王，連忙趕到刑場，因為他要親眼看看自己的優秀子民。

暴戾的國王也受到了感動，只見他滿臉驕傲地為皮斯阿司鬆綁，並親口說：「好好活下去吧！」

非常動人的一則故事，在這個處處競爭、謀利的現代社會中，看著這對朋友生死相交的情誼，你是否也羨慕不已，甚至感動得眼眶盈淚呢？

傳說中的民間故事也許無法考證，然而發自我們的內心，相信一定有許多人也很渴望擁有像故事中充滿情義朋友吧！

其實，當我們心存懷疑和戒心時，別人自然也會看見我們心中質疑的溝渠，所以，與其等待不如主動出擊，從我們自己開始付出這份心意，也許會更快遇見情義友人。

生命最崇高的價值，並不是人與人之間結合創造的互惠利益，而是找到真心相待的有情人。

無論是男人還是女人，無論是老人還是小孩，我們都希望生活中有一份支持的力量，且這份力量不會有任何雜質，只有一份願意分享的簡單真心，你說，是不是呢？

先讓情緒冷靜，才能理性處事

一旦情緒開始累積，再小的問題也要變成大麻煩，因為在這個情況下，我們很難理性處理事情，而會用情緒來直接面對。

《湖濱散記》的作者梭羅曾經寫道：「擁有真正閒暇之樂的人，才會有時間改善自己的靈魂資產。」

每天安排一點休閒時間，或做些自己感興趣的事，確實有助於我們釋放煩惱，調節惡化的情緒。

富蘭克林‧羅斯福總統在戰爭最艱苦的年代裡，經常強迫自己每天一定要安排一段休閒時間來整理他的郵票，藉以擺脫周圍的不滿和煩憂。

後來，吉妮太太回憶道：「總統經常回到我的屋裡，並且把自己關在裡面，然後將他長期收集來的郵票全部拿了出來，慢慢地觀看與擦拭。每次看見他走進那間屋子前，臉上必定是充滿了陰沉，我想，當時他的心情一定非常憂鬱、疲憊。」

「不過，」吉妮太太接著又說：「等到他從屋子裡走出來時，我們便會發現，總統的神情完全改變了，不僅變得更有精神、更加愉悅，而且臉上充滿了希望和活力。」

後來，羅斯福說：「雖然這只有一點時間，但是，在這短短

的獨處時間中，不僅可以冷靜我的情緒，更能讓我重新思考許多事情。」

其實，生活就是這樣，情緒終究都要化解，也許只是個小小的動作，就像德州的一位七十九歲老人所說：「我每天都會花幾個小時來欣賞音樂，而這樣的習慣很容易養成，那不僅讓我培養出欣賞音樂的能力，最重要的是，每當我情緒低落的時候，只要音箱一開，我的情緒就會立即平靜下來了。」

每個人一定都會有煩惱，特別是遇到困難或遭到挫敗的時候，心情的鬱悶情況常常會越加嚴重。

如果今天的情緒被激起了，我們沒有即刻去排解或舒緩它，一旦情緒開始累積，再小的問題也要變成大麻煩，因為在這個情況下，我們很難理性處理事情，而會用情緒來直接面對。

那麼，怎麼樣才能舒緩，並減少情緒的失控機率呢？

就像故事中的羅斯福一樣，每天安排一點休閒時間，培養一項休閒活動，藉以分散並淡化我們一天的工作情緒。

這是一種轉移的作用，可以讓我們因為專注於新的活動中，而慢慢地釋放出一天的煩惱，忘了今天的不愉快情緒，進而達到反思的作用。當思緒冷靜地自我理清後，我們才能在一天結束前，心平氣和地看清明天的目標。

PART 4

別讓小事
堵住未來的出路

希望擁有一顆堅強決心的人，

必須學會捨棄，

這不僅能讓我們從具體的事物中得到教訓，

更能從中學會真正的「下定決心」。

走過辛苦，人生才會充滿價值

走過辛苦，我們才會知道什麼值得珍惜與把握，特別是那些挫折經歷，更是讓我們人生充滿價值的重要籌碼。

人生只有這麼些日子，我們的學習熱情片刻都不能稍減，因為一旦停頓了下來，我們便無法加足馬力向前衝了。

人生道路有長有短，我們只知道，每一天都要積極地生活，無論是玩樂還是學習都要用心，因為，從中我們都將獲得人生必須的生活領悟。

有一位傳教士在林肯五歲那年，來到他們的村子裡辦了一所小學，林肯是該校裡年紀最小的一位，每天都得長途跋涉去上學。林肯年紀雖輕，學習鬥志卻十分高昂，當其他孩子們叫嚷著辛苦時，他從不喊累。

但是，由於傳教士的經費不足，最後學校不得已只好停辦，小林肯從此也失去了學習的園地。

所幸，小林肯在學校裡十分用功，許多單字他都已經能夠辨識，雖然無法繼續深造，但靠著自修，腦袋瓜裡的知識也越來越豐富。由於家中只有母親的那本《聖經》，為了吸收更多的知識，林肯四處向別人借書，還曾經走了幾十里的路程，只為了借閱一

本書。

因為每一本書都得來不易，所以林肯非常珍惜這些書籍，也因為書本是別人的，他總是要求自己：「這些書你要小心愛護啊！絕不能讓它們有所損壞，不然人們以後就不會再借你書了。」

不過，再怎麼小心也會有意外。

這天，他向叔叔借回了一本《華盛頓傳》，那天晚上他在閣樓上讀書，忽然媽媽叫他，於是他隨手將書本放在小閣樓中，沒想到接著天空居然下起了傾盆大雨，雨水滲過了殘破的屋頂，也滴溼了小林肯好不容易才向叔叔借到的《華盛頓傳》。

一看見書本全淋溼了，林肯難過得哭了，心疼地用手擦拭著書籍，然後便一直躲在小閣樓裡不敢出去。

家人們了解情況後，都上來安慰他並提供建議：「別難過了，事情都已經發生了，你去向叔叔道歉就好了。」

林肯聽完家人們的意見後，第二天早上立即抱起了書，懷著不安的心情匆匆地往叔叔家前進。

一看見叔叔，林肯滿臉愧疚地說：「叔叔，對不起，因為我太不小心了，讓雨淋溼了您的書本，我願意在您這兒工作三天作為補償。」

接著，林肯果真遵守承諾，在叔叔家幫忙了三天。由於林肯的誠意與態度深深地打動了叔叔一家人，最一天叔叔便對他說：「孩子，你真很乖，我決定把這本送給你！」

好學不倦的林肯，在貧困的背景中長大，晚上沒有蠟燭可以挑燈夜讀，便坐在爐火邊看書；買不起紙筆，便用木炭在石板或是木板上寫字。

在如此艱苦的求知條件下，林肯卻靠著自己的力量勤奮學習，走出一條非凡的人生道路。

我們常說，一個人的性格從小就底定了，所以孩子們將來會走哪一條路，其實從他們的小步伐裡早就透露出端倪，即使會有變化，在我們的心中也始終都會有一個從小便已成形的願望。

　　於是，我們看見林肯的好學不倦，也預見了他終究有功成名就的一天。

　　只是，夢想再清晰，仍然有許多人抓不住未來的方向，因為遇見挫折，或因為擔心不能成功，選擇了最保守的方式，努力固守心中夢想的完整，希望不被破壞、幻滅。

　　然而，就算固守一輩子又如何，那不是徒讓生活充滿遺憾嗎？

　　學學小林肯，想做什麼就立即去做吧！

　　即使路途再遠也要積極尋夢，因為沒有一個人的夢想是能輕易達成的，那些缺乏挫折與艱苦路程的夢想，根本不足以成為你的理想，即使輕鬆達成，想必你也不會有任何成就感吧！

　　想要有非凡的人生，就要給自己多一點辛苦體驗，別害怕外在環境的磨難，因為走過辛苦，我們才會知道什麼值得珍惜與把握，特別是那些挫折經歷，更是讓我們人生充滿價值的重要籌碼。

不要讓環境限制自己的人生

只要我們自己不放棄，任何外力也阻擋不了我們的成功企圖，任何困頓的環境都只是鍛鍊我們克服難關的考驗。

如果，你的生活充滿顛簸，請別皺著眉頭大聲埋怨，因為這樣充滿磨難和挑戰的日子不是人人可以得到的，若不是老天爺想給你特殊的體悟，你恐怕很難得到這樣的寶貴機會。

所以，就算眼前的生活辛苦一些又何妨？只要你肯用心體會，便能感悟到老天爺想給予你的人生啟示，和一個可以讓你實現夢想的秘訣。

據說，英國名作家狄更斯有個嗜酒好客的父親，由於父親揮霍無度，讓小狄更斯從十歲開始，便得一肩扛起沉重的家計。

曾經在皮鞋坊當學徒的狄更斯，雖然非常嚮往讀書，然而現實的環境實在不允許他有這個念頭，但好學的狄更斯並不氣餒，不斷告訴自己：「我總算讀過幾年小學，只要我肯努力自修，相信一定能成功的。」

十五歲那年，狄更斯進入了一間律師事務所工作，經常被派任送信工作，幾乎走遍了倫敦的大街小巷。

十六歲那年，他憑藉著實力，成為倫敦某報館的採訪記者，

這裡不僅讓他有機會深入了解人性灰暗與社會黑幕，更讓他鍛鍊出卓越的筆功，從此也開啟了他寫作之路。

扣除採訪與寫稿的時間，其餘時間，狄更斯幾乎都在大英博物館裡唸書充實自己。

也許是看透了世間的炎涼，在從事新聞工作的同時，狄更斯更將所見所聞與心裡感受，充分地表現在他的文學創作之中。

往來於街頭巷尾，人們經常看見狄更斯坐在路邊與一些衣衫襤褸的人聊天，有時則會在工人酒吧裡與人們交談，甚至，他還曾經走進監獄裡與即將行刑的囚犯聊天。

「我必須走入社會，我必須走進人群，我想要了解那些窮苦人家的生活，更想分擔他們的喜怒哀樂。」

正因為這樣的理念，狄更斯寫了多部巨作，因為作者的用心體悟與觀察，讓後來的人無論是讀到《雙城記》還是《塊肉餘生記》，無不驚訝於其中的真切情感與人物寫實，似乎這些苦難與生命仍然活生生地繼續著。

每當看完了一則故事，在你心海裡出現了什麼樣的漣漪？

對於經歷過生活磨難的狄更斯來說，每個人的人生雖然不盡相同，但是生命本質其實有著一點共通點，那就是：「不斷地磨練，不斷地學習。」

從社會大學裡重新開始，這對失去正規教育的狄更斯來說，無疑是他成就人生的最重要方法之一。

其實，對照我們經常讀到的偉人傳記，不難發現那些從小失學的成功者，他們唯一且最好的受教環境，全都來自於「社會大學」。因為，他們知道，每個人的開始原本就會有所差異，但是

每個人最終都要從現實社會中重新開始。

　　所以，沒有好的成長背景又何妨，只要我們自己不放棄，任何外力也阻擋不了我們的成功企圖，任何困頓的環境都只是鍛鍊我們克服難關的考驗。

　　你看過《雙城記》嗎？又是否讀過了《塊肉餘生記》呢？

　　儘管狄更斯寫實地將生命的艱苦血淋淋地呈現出來，但他也沒有忘記告訴人們：「生命再怎麼辛苦，我們也要堅強走過，即使人間充滿悲苦，我們始終都要爭取活下去的機會。」

別讓小事堵住未來的出路

 希望擁有一顆堅強決心的人，必須學會捨棄，
這不僅能讓我們從具體的事物中得到教訓，更
能從中學會真正的「下定決心」。

在決定某件事情的那一刻，你的心中是否又出現無法抉擇、
無法取捨的難題？

其實，不管我們目前正被什麼樣的問題困擾，最後都一定要
有一個明確的決定，所以，我們不妨告訴自己：「有捨便有得，
我不應該讓這麼小的事物堵住通往未來的出路。」

索爾‧德拉克魯斯是墨西哥著名的女詩人，少女時期的她長
得十分標緻，不但體態輕盈靈巧，容貌更是楚楚動人，特別是她
那一頭美麗的長髮，不知道讓多少人傾心。

許多人都認為，她應該可以成為一名出色的演員，但是，女
孩從小便立志要成為一名詩人，因為她要為自己的祖國和人民盡
情高歌。

但是，開始學習寫詩的第二天，卻有人跑來找她：「德拉克
魯斯，我們準備去郊遊，一塊走吧！」

她推辭地說：「不行啊，我剛剛完成了幾首新詩，正等待著
老師批評，這樣好了，如果老師說我進步了，那我就和你們一塊

兒去玩。」

　　大家一聽，只好坐在屋外等她。

　　不一會兒，老師拿著草稿出現，當索爾・德拉克魯斯從老師的手中接過來時，只見紙張上不但有許多被修改的地方，文末還加了一段嚴峻的批評：「妳實在不太長進。」

　　看著這幾行字，索爾一言不語，接著卻見她隨手拿來一把剪刀，然後，「喀喳」一聲，她竟然當眾把人人羨慕的那頭長髮剪掉了，頓時間，每個人都看得目瞪口呆。

　　「到底發生了什麼事？」朋友們關心地問道。

　　索爾・德拉克魯斯沒多說什麼，只是淡淡地回答：「對不起，我沒空和你們出去郊遊。」

　　「不能去玩就算了，為什麼要剪掉美麗的長髮呢？」

　　索爾・德拉克魯斯對於朋友們的關心，始終不想多做解釋，因為這個動作是她給自己的一個警惕：「如果妳沒有好好地學會規定的課程，或是學業上一直都沒有進步，那麼妳就必須把長髮剪掉，給自己一個警惕與懲罰。」

　　後來，她曾對朋友們這麼說：「一個沒有知識才能的空洞腦袋，根本不配擁有一頭美麗的長髮。」

　　生活中，你是否有許多無法割捨的事物？

　　心中掛念著那麼多的外物，恐怕很難讓人下定決心前進吧！

　　就像索爾剪去長髮的動作一般，對於一個決心成功的人來說，生活除了設定的目標以外，其他事物都是非必需品，不管任何事物，只要干擾他邁向成功的專注力，總是會毫不猶豫地捨棄。

　　看著索爾果決地給自己如此懲罰，對於經常因為失敗而退縮

的人來說，似乎提供了一個很好的面對方法：「不留後路給自己，因為這條路我們最終仍然要走下去，此刻，你應該給自己一個堅定決心，繼續前進！」

喜歡聆聽安慰的人，從今天開始要學會拒絕安慰；遇到挫折習慣退縮的人，從今天開始要把後路封死，不讓自己再有退回角落躲藏的機會。

我們要給自己更多果斷的決定，因為生活中的阻礙不一定是巨大的石頭，它們往往是牽扯著我們的平凡事物，看似微小無礙，實則讓人不住地回頭依賴。

所以，希望擁有一顆堅強決心的人，必須學會捨棄，這不僅能讓我們從具體的事物中得到教訓，更能從中學會真正的「下定決心」。

依樣畫葫蘆，只會讓人一再走錯路

用不同的角度看世界，每一個人都能在有限的生命裡，以獨立思考的精神為世界創造更多的奇蹟和可能。

有人說，死讀書害人也害己，因為這一類人大都只是個讀書工具，不知融會貫通與靈活運用的個性，往往只看得見前面那步，卻看不見第二步。

在未經「書本」證實的情況下，他們只會堅守在第一步的位置，直等他們找到了第二步的「前進公式」為止，只是這一耽誤，他們也差不多失去了所有的成功機會。

因為「相對論」而一舉成名的愛因斯坦，不僅是二十世紀最偉大的科學家，更是許多研究科學者最重要的學習對象。

一九二一年春天，為了幫猶太裔的青年們創辦一所大學，愛因斯坦巡迴美國各地籌募款項。

在籌款的過程中，有許多人為了更了解愛因斯坦究竟讀了多少書，或考驗他肚子裡到底有多少知識，於是他們提出了各種奇怪的問題。

「請問，您記不記得聲音的速度是多少？」

「請問，您是怎麼記住那麼多東西的？」

「請問，您是否會把所有東西都記在筆記本上並隨身攜帶？」

當人們把問題一股腦地提出後，愛因斯坦只笑笑地說：「對不起，我從來不帶任何筆記本，至於我的腦袋到底記了多少東西，我確實不大清楚，不過，有一件事是可以確定的，那便是我的腦袋會隨時放輕鬆，因為這樣，我才能集中精力在我要研究的問題上。」

「對於聲音的速度是多少，這個問題我無法答得很完整，所以，您不妨查一查物理學辭典，因為我從來不是很注意辭典上可以查到的東西。」愛因斯坦率直地回答人們的問題。

但是，這樣的答案似乎還無法滿足人們的好奇，因為有人追問：「是嗎？那您的腦子裡都記些什麼東西啊？」

愛因斯坦平靜地看著對方：「我習慣記憶一些書本上沒有的東西，對我來說，死記那些書本上可以查到的東西，像是事件、人名或是公式等等，根本不必到學校學習。我認為，高等教育的目的不在於背誦或記憶，而是要教導學生們獨立思考的能力，以及積極探索問題的本領。」

這時，愛因斯坦停頓了一下，又緩緩說道：「人們想要解決世界上的問題，靠的是腦子裡的智慧和思考，而不是照本宣科，明白吧！」

聽懂了愛因斯坦論述的重點了嗎？

教育的目的是為了學習「獨立思考」的能力，而不是教導出一個個只懂照本宣科、依樣畫葫蘆的「模範生」。

其實，很多人直到走出校園才知道，社會原來如此多元且多變，他們翻遍了書本也找不到應對的方法，這時，他們才明白獨

立思考的重要性。也有許多人一直到了進入社會才知道，原來世界的答案會有很多種，人的價值並不在於可以解出一個標準答案。

只是，等到這個時候才知道，會不會太晚了些呢？

別再固守書本裡的教條和規範，一旦放棄了人類原有的獨立思考天分，你的成功機率立即比別人少了一半。

我們都知道地球是圓的，其實生活也是圓的，所以許多生活導師都教導我們用不同的角度看世界，就是希望每一個人都能在有限的生命裡，以獨立思考的精神為世界創造更多的奇蹟和可能。

先為自己打好穩固的基礎

無論企圖心多麼強，都得為自己建立一個穩固的知識基礎，如此一來，才能讓成功的基礎與目標前後呼應，並讓夢想一氣呵成。

不想再跌倒，你現在得先放下心中太過龐大的慾望和企圖。

萬丈高樓平地起的道理，你一定明白，在地基還沒穩固前，千萬別急著攀爬、跳躍，否則，你隨時都要從搖搖欲墜的鷹架上再次跌落。

有一天早晨，一位酒廠的老闆帶著兩個兒子出現在科學家道爾頓的家門口，懇求道爾頓能教教他的孩子，讓他們學會科學方面的知識。其中，那個年齡最小也最活潑的孩子，正是著名的科學家詹姆斯·焦耳。

其實，道爾頓是位十分嚴格的老師，一開始，他沒有從物理化學的原理入門，反而教孩子們許多高深的數學理論。

這對活潑好動的焦耳來說，當然像似催眠：「講這些枯燥的數學有什麼用？唉，老師如果肯講那些有趣的電流實驗不知道該多好！」

有一天，焦耳和哥哥偕伴出遊，為了進行實驗，他找來了一匹跛了腿的馬，讓哥哥牽著走，自己卻悄悄地躲在後面，接著居

然將電流通到馬兒身上。只見被莫名電擊到的馬匹，立即瘋狂地奔跑、跳躍了起來，兄弟兩人還差點造成不可收拾的意外。

沒想到，差點造成意外的教訓，並沒有澆熄焦耳的好奇心，有一次他們乘著船到湖上，焦耳這回想試試這裡的回聲有多大。

只見他往槍口塞入了大量的火藥，接著用力地扣動扳機，登時槍聲大作，「砰」地一聲，槍口噴出了一股長長的火焰，正巧劃過焦耳的眉毛。

少了片眉毛的焦耳，似乎仍然止不住他的好動，有天兄弟倆興致勃勃地爬上一座高山，雖然這次他們什麼實驗都不做，偏偏卻遇上了大雷雨，遠處濃雲密佈，隱約間還發出恐怖的閃電，接著又聽見轟隆作響的雷聲。

「咦？是先有閃電，還是先有雷聲？這是怎麼回事？」好奇心極強的焦耳，再次發揮了研究精神，認真地記錄下閃電與雷聲的發生間距。

焦耳把自己做過的試驗全告訴了老師，只見道爾頓笑著說：「嗯，這些實驗中，只有最後一次你做對了，其實只要掌握光的速度和聲音的速度，你就可以推斷出閃電發生在多遠的地方。」

焦耳一聽，驚異地問道：「難道枯燥的數學中藏了這麼多學問？」

道爾頓點了點頭，說道：「是的！真正的科學實驗不能只靠觀察，還必須有精密的測量，這些都得仰賴數學，只要有了可靠的測量數據，我們就能總結出其中的規律性。」

焦耳聽完老師的教訓，登時茅塞頓開，從此開始投入數學理論的學習，因為他知道所有知識都有根本的基礎，就像科學必須依賴數學測量一樣。

成功的背後都要有一個堅若磐石的基礎，沒有打好基礎便貿然地往前衝的人，便要有隨時都會跌倒的心理準備。就像運動員一般，想要成為箇中高手，首先得練就一身好體力，而培養體力的第一步都是些乏味的基本功夫，像是跑步或是紮馬步……等等，至於球技或是其他運動秘訣，全都得等到他們的基本功夫已經奠定紮實，教練團才會讓他們繼續前進。

　　簡化道爾頓送給焦耳的教訓，其實我們也可以這麼說：「要是基礎沒有打好，不管你多麼積極地尋找答案，恐怕都很難有所獲得。」

　　因為，成功的基礎和成功目標一樣只有一個，無論焦耳的企圖心多麼強，或是實驗的勇氣多麼高昂，始終都得為自己建立穩固的知識基礎，如此一來，才能讓成功的基礎與目標前後呼應，讓夢想一氣呵成。

　　仔細想想，當你著急地想實現夢想時，是否已經為你的夢想園地打好了穩固的基礎了呢？

不是機會少，而是腦袋用得少

 你真正應該擔心的是，自己的創意巧思與能耐是否充實，只要你對自己的實力有信心，再難得的機遇都能被你掌握。

不要問為什麼你的機會總是比別人少，應該好好想一想，是不是自己動腦的時間比別人少？

因為機會不可能自動出現，要靠我們自己發現，如果我們不能努力行動，再好的機會都要平空消失。

有一個旅人正騎著馬趕路，很不巧地遇上了一場突如其來的大雷雨，渾身被淋濕的他一時間找不到地方取暖，只好繼續趕路，走了一段路之後，總算找到了一間小客棧。

但是，當他走進去客棧時，卻見到小店裡頭擠滿了人，冷得發抖的他根本無法接近火爐邊。

望著那些些好奇的眼神，旅人很想對他們說：「我渾身都濕透了，請讓我在火爐邊烤一烤！」

雖然旅人的心中不斷地迴繞著這段請求，但是始終開不了口。

忽然，他看見屋外的馬兒正在吃草，於是想到了一個很誇張，但也許是很有效的法子。當服務生經過身邊時，旅人連忙叫住他，正經八百地說道：「麻煩您拿點魚餵餵我的馬。」

服務生瞪大了眼問：「拿魚餵你的馬？你的馬會吃魚嗎？」

旅人冷靜地說：「總之，你照著我的話去做就對了。」

店裡的客人們一聽見「馬會吃魚」，全好奇地跟了出去，最後店裡只剩下旅人一個人，於是他不慌不忙地坐到火爐旁取暖。

不一會兒工夫，大家紛紛又回到了店裡，服務生這時也捧著那盤魚走了進來，並對旅人說：「你的馬又不吃魚！」

旅人笑著說：「是嗎？那就麻煩您把魚放在桌上，等我把衣服烘乾之後，我自然會吃了它。」

一個智慧巧思帶出了為自己爭取機會的卓越技巧，也讓看似平淡無奇的小故事富含了深刻的寓意。

其實，機會一點也不難找，只要我們能督促自己多一點創意巧思，想坐到爐火邊取暖一點也不難。

就像故事中的旅人，無須與人相爭，更不需要向人苦苦哀求，只利用了人們「好奇心理」，便讓人們自動讓出火爐的位置，甚至連失去了坐在溫暖爐邊的機會，他們都還不知道呢！

生活不須要太多花招，一個小小的創意便能讓人們跟著你的步伐走，因為捉住了人們的目光，就等於捉緊生活中的機會，這不僅是所有創意人的成功目標，更是每一個成功者抵達目的地時的成果之一。

所以，別擔心看不見或錯失機會，因為你真正應該擔心的是，自己的創意巧思與能耐是否充實。

只要你對自己的實力有信心，再難得的機遇都能被你掌握，即使你的機會不多，但任何一次機會你都不會錯過。

生活不會只有一個標準答案

生活沒有任何答案是唯一的，一個問題應該配搭二個以上的可能答案，如此，我們才能選擇出最適用於自己的人生方向。

　　生活一旦出現問題，別急著找到解答，更別急著尋找別人解出的答案，因為人生沒有哪一條路是唯一可行的。

　　不要執著相信唯一的標準答案，因為這些答案並不見得適用於自己，步調別走得太快，試著走慢一點，說不定你很快地便能看見與眾不同的解答，讓自己的人生有更多的可能性。

　　一九六九年諾貝爾物理學獎的得主蓋爾曼教授，曾經引用過華盛頓大學教授卡蘭德拉的一篇文章，那是關於氣壓計的故事。

　　蓋爾曼教授引用這篇文章的最主要目的，是為了向人們解說「唯一標準答案」的疑惑。

　　故事中，卡蘭德拉教授出了一道題目給學生：「請試著證明，如何用一個氣壓計測量一個高樓的高度。」

　　題目一出，便有學生立即實驗，其中有位學生將氣壓計拿到高樓屋頂，然後將氣壓計綁在一條細長的繩子上，接著便把氣壓計從樓頂往下垂掉，直到氣壓計垂吊至地面上。

　　這個方法實在太簡單，太可笑了，於是有人便嘲笑這個學生：

「這個笨方法未免太過愚蠢。」

也許有人要問，那麼還有什麼方法呢？

其實，方法還很多，但無論哪一個方法，卡蘭德拉教授都說：「這道題目並沒有唯一的標準答案，因為解題的方法非常多，無論如何你們都得找出更多元的答案出來。」

對於第一個想出笨方法卻被嘲笑的學生，卡蘭德拉不僅誇他反應迅速，更鼓勵他繼續找出其他解題的方法，沒想到在老師的鼓勵下，這位學生果真又想出了許多有趣的測量方法和技巧。

蓋爾曼之所以引用這個故事，是為了讓人們知道：「我的成功方法只有一個，那就是不讓自己侷限在唯一的標準答案中！」

世界上本來就沒有什麼東西是絕對的，但是，為什麼我們老是只給自己一個標準答案呢？

因為，我們已經習慣了「一個標準答案」的生活，一旦多給了自己一個方向，許多人就會站在十字路口猶豫徬徨，不知道該選哪一個方向前進。

生活其實也像科學實驗，一如蓋爾曼所強調的：「不要給自己唯一的標準答案，因為那只會讓我們處處受限，甚至看不見新的科學領域。」

成功的路不也如此？就像攀爬高峰一般，峰頂雖然只有一個，然而我們在山下卻有許多條路可以選擇，無論我們是跟著前人走過的古道，還是自己發覺新的捷徑，只要最終能達到高峰，每一條路都會是最好的選擇。

生活沒有任何答案是唯一的，一個問題應該配搭幾個可能答案，如此一來，我們才能選擇出最適用於自己的人生方向。

不斷吸收知識，才能增長見識

每一個事物都是組成這個世界的關鍵，學會從別人的角度看世界，你才能看見世界的完整面貌，也才能真正地掌握這個世界。

學習是一件十分快樂的事，不僅可以滿足心中的好奇，可以解決糾結心田的困惑，更可以提昇自己觀看世界的境界。

所以，別再把學習視為一件苦差事，想一想，當你領悟並找到答案的那一刻，除了興奮、快樂，應該沒有其他的形容詞可以表達了吧！

學習對曾經擔任美國總統的傑弗遜來說，是一種「生活的最大享受」，奮勉勤學的他常常是手不釋卷。

熱愛閱讀的他，對於書中所呈現的內容自然充滿興趣與熱情，他經常這麼說：「我必須努力地吸收書本知識，因為這些知識將讓我充滿智慧。」

在求學的路途上，沒有人看過傑弗遜怠惰的時候，許多人也因此預見了這個孩子的成功。

在父親是上將、母親是名門之後的身家背景中，傑弗遜並沒有沾染貴族子弟的驕矜氣息，當其他貴族孩子們不屑與平民百姓交往時，傑弗遜卻主動與不同成長背景的孩子們交流。

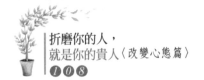

因為，他知道：「每一個人都有自己的長處，這些長處都像金子般閃亮，任何人我都不能錯過。」

正因為謙遜的態度，上至園丁下至工人，沒有人不喜歡與傑弗遜交往。

十七歲便以優越成績在貴族學校裡成為風雲人物的傑弗遜，各科成績都相當優異，特別是在語言和歷史方面，表現更是傑出。懂得建築設計的他，還曾設計了蒙蒂塞洛的宅邸，這個充滿古典建築風格與個人特色的建築設計，至今仍是美國最為人稱讚的建築之一。

喜歡與人交流的傑弗遜，深知為政之道，曾經一再對同時代的政治人物說：「你必須像我一樣走進人民的家中，並且仔細地看一看他們餐桌上的菜餚，細細地品嚐他們每天吃的麵包。只要你能做到這一點，你就會了解人民心中的真正想法，也知道如何解決他們心中的不滿情緒，並更加明白正在醞釀中的法國革命發生的深層原因。」

虛懷若谷的人對於身邊的事物總是謙和以對，正因為他們願意低頭學習，樂於與人交流，所以他們能不斷地接收新知，並積極地充實自己。

不管我們站得多高，始終都高不過天，即使來到了天外，還是有另一片未知的天空更高於我們，還是有許許多多未知的宇宙奧秘呈現在我們眼前，所以謙虛面對人生的萬事萬物，才是我們應該有的生活態度。

看見謙虛的傑弗遜，我們也學習到了大海容納百川的道理。抬高了頭，我們只看得見眼前的那一片天，看不見環抱身邊的寬

廣大地；肯低下頭，我們才會看見世界的美麗與富饒，也才能發現我們擁有的天地原來如此寬闊。

不恥下問，謙虛學習，世界才願意與我們同行。

不要只用你的角度看世界，因為你所看見的每一個事物都是組成這個世界的關鍵，學會從別人的角度看世界，然後你才能看見世界的完整面貌，也才能真正地掌握這個世界。

PART 5

用積極的態度
面對不如意的事

遇到不如意事，

我們要用更積極的態度前進，

即使路上一直出現阻礙，

我們也能跟著自信的步伐抵達夢想目的。

遇到困惑，就要設法突破

不論任何時候都要忘記害怕、忘記擔心，因為
心中一旦有了這些煩惱，很快地便會遇到阻
礙，其中最大的阻礙就是我們自己。

既然心中出現了困惑，為什麼你不親自去解開謎題？

別再等待別人給的答案了，當相同的問題再次出現，你也再
次深陷迷霧時，就應該知道，沒有親自找答案，永遠都無法了解
問題的核心，最重要的是，下一次還是會重蹈迷途。

從小就喜歡和鑿子、鎚子作朋友的米開朗基羅，雖然已經是
米蘭最有名的年輕雕刻家，但是他對自己的作品卻始終都不滿意，
經常對人們說：「我只能雕出外表形體，因為我一點也不了解人
體內部有些什麼，無法雕刻出具有靈魂的作品。」

有一天，米開朗基羅壯著膽子來到修道院院長比切林尼的書
房，並且向他懇求：「院長先生，我一直很想從解剖屍體中提高
自己的雕刻技術，可不可以請您……」

「不行！」比切林尼扶了扶鼻樑上的眼鏡說：「現在你得忘
了這個問題，你得讓它像霧氣一樣消失，總之，你要記住，你從
來沒有向我提出這個要求，知道嗎？」

最後一句，比切林尼院長還莫名其妙地加重了語氣。

　　正當米開朗基羅滿臉失望地看著院長時，比切林尼突然笑了，接著還打開了抽屜，摸出了一把長長的鑰匙，接著輕輕地夾進了一本畫冊，然後放到米開朗基羅的面前：「這本書，你拿回去看看吧！」

　　米開朗基羅一看，還不敢置信地揉揉了自己的雙眼，半信半疑地望著比切林尼：「院長，這……」

　　比切林尼院長摀著自己的嘴，示意他別再說下去了，米開朗基羅見狀，明白地點了點頭。

　　在伸手不見五指的深夜時分，米開朗基羅走過黑漆漆的長廊，躡手躡腳地來到了停屍房。只見他深深地吸了一口氣，接著點了蠟燭，燭光一亮，在他眼前立即現出了一具從頭到腳裹著屍布的屍體。

　　這個可怕而且噁心的景象，讓他不自覺地倒吸了一口氣，蠟燭更在手裡不斷地顫抖著。

　　不過，他很快地便讓自己平靜下來，因為他只有三個小時的時間，得在麵包房的僧侶起床做麵包前離開這裡。

　　米開朗基羅迅速解開屍布，硬頂著從屍體發出的陣陣惡臭，一面解剖，一面觀察，時間也在不知不覺中一分一秒過去。

　　突然，燭光熄滅了，沒想到三小時這麼就快到了，米開朗基羅匆匆地裹好屍體，悄悄離開了停屍房。

　　在回家的路上，米開朗基羅一連吐了好幾回，一回到家，立即用肥皂清洗雙手，但似乎仍無濟於事，因為父親看見他時便問：「你跑到哪兒去了？怎麼渾身惡臭，那味道好像屍臭一樣難聞！」

　　「呃，我剛剛幫人家運送糞便啦！」米開朗基羅隨便搪塞了一句，便立即回到自己的房間，繼續研究他的筆記。

在那個必須絕對敬畏死者的時代，勇敢面對屍體的米開朗基羅，不僅突破了世俗的束縛，更拓展了雕刻藝術的天空。

勇於追根究底的米開朗基羅，為了打開生命的新視野，更為了讓自己的雕刻藝術有更進一步的突破，積極地探尋夢想的目標。面對發出陣陣惡臭的屍體，即使心中充滿恐懼，他也沒有退縮放棄，反而更推進自己一步，「一口氣」將任務完成。

這是米開朗基羅的成功方法，不退縮，不放棄，不達目標絕不鬆手，不知道你是否已經領悟其中的技巧了呢？

這個帶點黑色幽默的小故事，反而更能讓人了解成功的寓意。用心一點，我們不難領悟，在解剖屍體的同時，一代雕刻大師米開朗基羅正在指導我們：「想成功，就得一鼓作氣，不論任何時候我們都要忘記害怕、忘記擔心，因為心中一旦有了這些煩惱，我們很快地便會遇到阻礙，其中最大的阻礙就是我們自己。」

積極，就會創造奇蹟

每一個生命個體都是最寶貝的，如果我們還不懂得好好珍惜、使用時間，那麼實在太蹧蹋自己了。

美麗的人生靠著積極運轉的生命而獲得。

對生活充滿熱情且勤奮積極的人，渾身散發出來的光芒確實迷人，而這份感覺相信你我都曾經體會到，因為我們都曾那樣勤奮積極地生命著。

幾乎沒有接受過學校正規教育的化學家諾貝爾，在校園裡的生活只有小學幾個月的時間，從此以後，他的知識來源全來自於家庭教師的指導，以及自己勤奮苦修得來。

為了人類的進步，諾貝爾從小便立志：「我要全心全意地投身科學，我要為人類社會找到更好的將來。」

後來，他為了發展自己的事業，經常得到世界各地擴充業務，繁忙的工作經常壓得他喘不過氣來，但是，事業正如日中天的他，卻始終都沒有放棄科學，工作之餘，都會充分地利用閒暇時間做實驗。

不過，連小歇片刻的時間都缺乏的他，如此一來更沒有時間休息了，全天候工作的情況下，讓原本就身體不太好的諾貝爾，

不斷地出現各種病症。

每當有人勸他：「諾貝爾，休息一下吧！」

諾貝爾的回應始終是那句：「天下沒有不勞而獲的事！」

這種勤勞的個性其實是遺傳自他的父母，諾貝爾一家人個個都十分勤奮，父親經常對他們說：「沒有付出就沒有收穫，所以你想要比別人成功，就要比別人更加努力。」

這段話諾貝爾從小就背起來了，特別是當他來到父親的工廠時，看見工人們全身沾滿了泥土，勤勞地揮著汗水，小小心靈便有了這樣一個認知：「這就是勤奮工作的美麗身影。」

正因為從小就培養出這樣的生活態度，當他來到巴黎時尚圈時感到很不習慣，因為他非常不喜歡出席那些一天到晚舉辦的社交活動。

他總是這麼說：「參加這種華而不實的社交，實在太浪費時間了！」

此外，身為老闆的諾貝爾雖然倡導勤勞，但是對自己的員工卻十分體貼，因此他總是說：「工人們是推動社會發展的根本，沒有他們勤懇與努力，今日社會便無法這麼發達。」

諾貝爾讚嘆「勤奮工作的美麗身影」，其實與我們讚美「認真的女人最美」意思一樣，強調的正是「認真生命」。

從諾貝爾的奮鬥過程，我們可以這麼說，在這個迅速轉動的生命時間裡，對於時間的分配，我們要非常謹慎，一分一秒都不能浪費，因為對孕生你我的大地來說，每一個生命個體都是最寶貝的，如果我們還不懂得好好珍惜、善用時間，那麼實在太蹧蹋自己了。

　　當諾貝爾肯定著工人們的付出時，我們其實也可以為自己鼓掌，不管我們的職務在哪一個層級，也不管你我是否已成功地達到目標，只要自己也是如此勤奮不懈的生活著，所有的掌聲與歡呼我們都可以大方接受。

　　因為，沒有你，正在運轉中的世界肯定要少一分助力，就像諾貝爾勉勵世人的：「我們得再勤勞一些，因為社會的進步與文明全靠我們去推動，沒有人可以被否定。」

　　其實，每一個人都有創造奇蹟的能力，只要我們積極生活，人類的文明便能在我們的努力下跨出更大的一步。

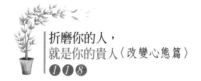
抓住訣竅，問題就能輕鬆解決

凡事都會有成功訣竅，只要悟出了這個竅門，不管眼前遭遇什麼樣的麻煩，都一定能輕鬆解決。

知道時間不多，你就不能允許自己把時間浪費在毫無進展的事情上；明知道此路不通，我們就別讓自己困在原地。

前往最終目標的路有很多條，你得自己想辦法找到另一條更順暢的路，否則你將白白浪費時間。

著名的書畫家米芾雖然曾在私塾唸書，但事實上，他花了三年的時間，卻什麼也沒學會成。

有一天，一位準備進京趕考的秀才路過他們的村莊，米芾聽說這位秀才寫得一手好字，立即跑到秀才的面前求教。

秀才看完米芾臨摹的字帖後，若有所悟地說：「你想跟我學寫字當然沒問題，不過我有一個條件，你得買我的紙，但是這紙並不便宜，一張得五兩紋銀。你付得起嗎？」

米芾瞪大了眼，心想：「哪有這麼貴的紙，他根本存心想為難我嘛！」

這時，秀才看出了他的猶豫，便說：「如果你嫌貴的話，那就算了，因為我還急著趕路呢！」

　　這一催促反而讓求學心切的米芾，一口答應：「好，五兩就五兩！」

　　生活情況不是很好的米芾，只得向親友借了五兩銀繳學費，錢交給了秀才後，秀才便相當鄭重地遞給一張紙給米芾：「回去好好寫吧！三天後你再拿來給我看。」

　　回到家，米芾小心翼翼地捧著用五兩紋銀買來的紙張，看著這麼昂貴的紙，怎麼也不敢隨意下筆。

　　於是，他翻開了字帖，接著用沒有蘸墨的毛筆在書案上練習，三天來他專心想著每一個字的架構和筆鋒如何運轉，並用心地將每一個字體牢牢記住。

　　三天後，秀才來了，卻見米芾出神地坐在桌案前，手握著筆，呆呆地望著字帖，但是紙上卻一滴墨也未沾。

　　秀才故作驚訝地問：「你怎麼還沒寫？」

　　米芾一驚，這才如夢初醒，告訴秀才說：「三天期限已到？我，我怕弄壞了紙，所以……」

　　看見米芾滑稽的解釋模樣，秀才忍不住哈哈大笑，隨即用扇子指著紙張說：「好了，都已經琢磨了三天，還是寫個字給我看看吧！」

　　只見米芾提起筆，寫了一個「永」字，秀才拿過來一看，不禁暗讚他這個字寫得遒勁瀟灑。

　　「為什麼三年學不成的東西，你卻能在短短的三天之內達成呢？」

　　聰明的人都聽得出來，秀才故意用責問的方式來肯定他，米芾一聽，這才回起這幾天的情況，說道：「是啊，因為怕浪費，以致不敢像從前那樣輕易下筆，這……原來這反而讓我用心將字體琢磨透了……」

秀才點了點頭，說：「那你明白了吧！學字不只是動筆，更要動心，從形體上領悟其神髓，只要能心領神會，你就能寫出好字了。好啦，你已經懂得寫字的竅門，我也該走了。」

說著，他拿起筆，在「永」字的後面補了「永誌不忘，紋銀五兩」幾個字，接著又從懷裡掏出五兩紋銀給米芾，然後頭也不回地趕路去了。

所有的成功技巧其實只有一個訣竅，那就是秀才教給米芾的一個「悟」字，只要體悟出其中的精髓，或領悟到所有問題的解決關鍵，那麼不管事情怎麼變化，我們都會自信滿滿地說：「沒問題，我知道怎麼解決！」

用心三天當然比無法掌握重點的三年有效率多了，但並不是每個人都能像米芾一樣，碰到瓶頸時能遇到良師，假如沒有良師益友幫忙，面對困境時，我們要怎麼辦？

別擔心，故事中的秀才不就指導我們，關於突破瓶頸與克服困境的方法嗎？他暗示著：「達成目標的方法雖然很多，但是你一定得慎選，因為未經深思熟慮的選擇，不僅會讓你浪費更多的時間，還有可能從此困在死胡同裡找不到出口。」

凡事都會有成功訣竅，只要悟出了這個竅門，不管眼前遭遇什麼樣的麻煩，都一定能輕鬆解決，只能牢牢抓住這個成功訣竅，我們就能用一天的時間達成別人花了十年才完成的目標。

用積極的態度面對不如意的事

遇到不如意事，我們要用更積極的態度前進，即使路上一直出現阻礙，我們也能跟著自信的步伐抵達夢想目的。

罐子都已經破了，再怎麼哭也無法還原，不是嗎？

不要追悔昨天的失敗，事情都已經發生了，就別再在今天繼續為昨日的失敗而頻頻拭淚，生活要往前看，讓昨天隨風而逝吧！

喬許是個剛剛走入職場的新鮮人，只是他並不像其他同學那樣，一踏出校園便幸運地找到了工作，東奔西跑了快半年，始終都遇不到賞識他的面試官。

這天，準備出門繼續找工作的他，一踏出門口，天空便下起了毛毛細雨，這個景象讓原本就有些灰心的喬許更加沮喪了。

「唉，怎麼連老天爺都不給我好天氣？」

喬許無精打采地走在街上，這個壞天氣似乎讓他對自己更失去自信。

「爆！」

在喬許前方突然發出了一個巨響，這個聲音似乎也震醒了喬許的精神，當他循著聲音望去，看見一個老人家拿著鐵棍，用力地將一個個剛剛出窯的瓦罐給打碎了。

喬許好奇地走上前去，不解地問著老人：「請問，您為什麼要將它們全部打碎了呢？」

老人抬頭望了喬許一眼，緩緩地說：「因為我沒掌握好火候，讓這些罐子都出現了小瑕疵。」

「是嗎？我看起來還好啊！更何況你花了那麼多時間和精力完成，現在就這麼全打破，實在很可惜。」喬許婉惜地說。

聽見喬許的心疼，老人家長吁了一口氣說：「這倒是真的。」

「不過，我相信下一爐我會燒得更好！」老人信心滿滿地對喬許說。

看著老人家重新來過的決心和充滿自信的堅定神情，喬許的情緒有些被挑了起來，想到自己這些日子以來的挫折與退縮，不禁為自己感到十分羞愧。

看著破碎的瓦片和窯子裡熊熊的烈火，喬許似乎重新喚回了最初的衝勁，望著老人臉上的汗水與堅定，他也給了自己一個信念：「是啊！即使所有的瓦罐都打破了又何妨？只要重新再做就好了，喬許，你要對自己有信心，你一定會有機會的，你根本不必擔心做不出更好的瓦罐啊！」

一想到這裡，喬許立即充滿信心地折返回家，第二次走出門口，他的手上多了一個小行李，因為他決定要到城市裡再試一試，他知道，這場雨是要幫他洗去心中的陰霾的。

三年後，喬許從城市回來，因為他準備在自己的家鄉開一間分公司。

天空更不可能永遠讓太陽高掛，如果你害怕雨淋，而習慣在陰雨天躲在家裡，那麼你永遠都呼吸不到雨後的清新空氣。

自然如此，生活更是如此，沒有人不會遇到挫折，如果你老是逃避面對，反而更容易陷在這些困局裡。

看著喬許的重新振作，不知道有沒有讓你也希望重燃？

其實，沒有挫折就沒有成功，沒有經歷失敗便很難得到找到比較的對象和改進的方法，就像製作瓦罐的老人，若不是因為作品出現瑕疵，他又怎麼知道什麼是完美無瑕的瓦罐。

人生的路也許不好走，但是只要你用樂觀的態度前進，即使是臉上充滿苦澀，你心底嚐到的滋味始終是甜美的。

給自己多一點信心，遇到不如意事，我們要用更積極的態度前進，即使路上一直出現阻礙，我們也能跟著自信的步伐抵達夢想目的。

越是小事，越不能輕忽

別再輕忽生活的小細節，即使是居家生活，我們都要細心管理，並從中培養出謹慎且心細如塵的處世態度。

古希臘哲學家亞里斯多德曾經說：「人若是不知道重複一種行為可以產生和他的行為相當的性格和習慣，他必定是個十足的蠢人。」

生活與人生本來就是一體的，生活隨便的人，呈現出來的人生態度也經常是隨隨便便的。

因此，不要以為站在角落，別人就看不見你的小動作，因為一旦養成了習慣，再小心的人也會在重要時刻出錯。

有一間新開幕的飯店正準備招聘三十名員工，歷經初試、面試後，原來四百名應徵者最後只剩下四十位。

看著這四十名各方面條件都差不多的求職者，面試主管相當苦惱，因為他們無論如何還是得刪除十名應徵者。

只是，他們實在不知道要刪除誰，這時老闆突然靈機一動，當即宣佈：「為了慶祝本店開張，今晚我請大家在本店吃飯。」

第一道菜上來的是隻烤鵝，剛開始，大家的動作都很拘謹，有些人還紅通了臉不好意思挾菜，這時老闆便帶頭撕了一塊肉說：

「輕鬆一點，以後我們就是一家人了，別那麼客氣啊！」

老闆話才說完，現場氣氛登時活躍了起來，應徵者中立即有人挾了一大塊鵝肉塞往嘴裡，不過仍然有人只挾了一小塊肉吃。

接著，第二道菜又上來了，是道清燉黃魚，由於魚比較小，盤子裡擺放了快十條魚才裝滿，當盤子一擺上桌，便有人伸手挾一條大一點的魚，但是他卻沒有將魚肉吃乾淨，便連肉帶刺地吐出來。

當然除了這些大方舉筷子的人，還是有人很客氣，只見這些人吃得很慢，不過他們很堅持將魚肉吃乾淨後再吐出魚刺。

接下來，還有炒青菜、涼拌菜和三鮮湯，大家隨性地各取所好，有人自始至終都規規矩矩地只吃眼前的菜，有的人則毫不客氣伸長了手，往別人面前的菜盤裡搶菜，當然也有人不想錯過任何一道菜，兼顧全席，桌上的每一樣菜都會適量地挾一點來吃。

其他一些挑嘴的人，只要菜一上桌，就像孩子般挑選自己喜歡吃的菜，有人吃飯時靜悄悄地，有的人則是「滋滋」作響，總之，現場的各種吃相盡收老闆的眼底。

飯局結束後不久，酒店大門立即貼出了錄取名單，有位落選者看了很不服氣，憤憤不平地質問老闆：「大家的條件都差不多，你們又沒有加試，憑什麼讓我落選？」

「怎麼沒有加試？晚上我請你們吃的那頓飯，就是我再一次給你們的測試啊！其實，我選人的原則很簡單，那些在餐桌上不東挑西揀、不掉飯粒，也知道要兼顧別人的人，就是我心目中的好員工。」

落選者一聽，滿臉通紅地想起自己在飯桌上的表現，但旋即又反駁：「這也不對，那些只是生活上的小細節，怎麼能用來檢驗一個人？」

老闆不以為然地看著他，反問：「但是，生活細節的加總，不正是你整個人生嗎？我認為，一個在飯桌上只顧及自己的人，在工作中肯定不會把別人擺放在第一位，這樣的生活態度不應該是我們飯店的員工特質。」

這是一則寓意深遠的小故事，文中沒有複雜的應試分析，但卻讓「生活就是人生」的哲思更加深刻地呈現出來。

就像老闆說的，把生活的所有小細節全串起來便成為我們的完整人生，如果生活中我們對某一些事情總是輕忽以對，那麼可想而知，人生態度也一定常出現怠忽的情況。

心思不夠縝密的人肯定經常出錯，畢竟一個連日常生活的小事情都做不好的人，很難讓人放心地將大事交給他去執行，所以飯店老闆能從「吃飯」這個小事情中，分辨出細心與粗心的人，並從挾菜的動中選出最適合服務生工作的人選。

所以，別再輕忽生活的小細節，即使是居家生活，我們都要細心管理，並從中培養出謹慎且心細如塵的處世態度。

不要讓自己的壞習慣誤了大事

越輕易得到的願望越容易失去，這其實不是什麼特殊的遊戲規則，而是人生路上的自然定律。

別再做白日夢了，你得即時修正這些生活的壞習慣，因為做白日夢不只想想而已那麼簡單，這種「不切實際」的習慣一旦養成，你將會一再地錯過實現夢想的機會。

有個老想著發財夢的年輕人，聽說北方的深山中住了一位白髮老人，據說只要是有緣人遇到他，幾乎都有求必應，絕對不會空手而回。

一聽到這個訊息，年輕人連夜收拾行李，趕往山上。

好不容易到達了深山，年輕人卻在山裡苦尋了五天五夜，直到第六天下午，終於讓他碰到了那位傳說中的老人。

「仙人請留步，求求您幫幫我吧！」年輕人立即向老人請求。

老人果真點了點頭，問：「你有什麼需要？」

年輕人說：「請您給我一個無盡的願望。」

老人回答說：「好吧，你只要到海邊的沙灘上找到一顆『許願石』，就可以實現這個願望了。不過，它只有在每天清晨到太陽東升前才會出現。記住，真正的『許願石』是與眾不同的，當

你握在手心時便會感到一陣溫暖，那是一顆會發光發亮的神奇石子，至於其他的普通石頭則是冷的，一摸到冷冷的石頭，你就不必再浪費時間研究了。只要找到那顆『許願石』，從此你就能美夢成真！」

年輕人一聽，興奮地立即飛奔到海邊，耐心地等待黎明時分。

每天清晨，大家都會看見一個年輕人在海灘上走來走去，手中不斷地又撿又丟出一顆顆小石頭。

日復一日，月復一月，他在這塊沙灘上尋覓了大半年，卻始終也沒找到那顆會溫暖發光的「許願石」。

又等了快半年的時間，這天他一如往常地在沙灘上撿石頭。

「這顆不是，嗯，這一顆也不是，唉，到底在哪兒呢？」一發覺不是「許願石」，年輕人便習慣地往大海方向丟去，一顆、二顆、三顆……

「哇！」年輕人突然大叫了一聲，接著居然哭了起來，有人上前安慰他：「你怎麼了，需要幫忙嗎？」

「那，那……」

原來，當年輕人再次習慣地將石頭往大海方向拋後，突然意識到，剛剛扔出去的那塊石頭，正是他夢寐以求的許願石啊！

從年輕人的身上，我們都看見了「習慣」的重要性，無論是好習慣還是壞習慣，一旦習慣養成了，它便會成為我們生命的一部份。特別是壞習慣，一旦發覺不對，想及時修正過來，恐怕也需要好長一段時間，就算我們不斷地提醒自己要小心，還是會被「慣性」所誤。

因此，當白髮老人指引年輕人去找尋許願石時，他也給了年

輕人一個暗示：「踏實一點啊，年輕人，我唯一能做的只有指引方向，其他的便得靠你自己去實踐，因為，任何人的任何夢想都得靠自己去找尋。」

踏實築夢吧！不要讓生活一直處在「不切實際」的習慣中，即使讓你找到了許願石，最後你恐怕一個願望也得不到。

因為，就像年輕人尋找許願石的過程一樣，越輕易得到的願望越容易失去，這其實不是什麼特殊的遊戲規則，而是人生路上的自然定律。

讀書其實是最輕鬆快樂的事

不必再三感嘆已逝的求學生涯，步入了社會，
我們還是會有許多進修機會，可以重溫學生時
期的學習樂趣與獨立思考的自由。

許多人把讀書、學習視為一件苦差事，看著上班族穿著漂亮
整齊的衣服，過著朝九晚五的日子，便以為他們的生活必定快樂
無憂。總是要等到自己也成為上班族的一員，也開始穿起了漂亮
整齊的衣服時，這才幻想破滅，不住地回望快樂而沒有太多憂慮
的學子生涯。

美國第二任總統約翰‧亞當斯原本是個不愛唸書的小孩，但
是在父親的巧妙教育下，總算讓他重拾課本。

小時候的亞當斯總覺得學習是件枯燥乏味的事，有一回父親
催他去學習拉丁文，小亞當斯卻嘟著嘴說：「我不喜歡拉丁文，
爸爸，您能不能讓我做別的事？比起學習拉丁文，說不定有其他
更適合我去做的工作啊！」

「是嗎？那好吧！親愛的約翰，我們牧場前面正巧必須挖一
條新的溝渠，既然你想找點事情做，那不如幫爸爸挖水溝吧！」
父親沒有生氣，反而提供孩子一個工作機會。

亞當斯一聽到有工作可以做，不必學習拉丁文，興奮地跑到

牧場立即開工。然而，苦力始終是苦力，不久小亞當斯便覺得挖水溝實在是一件苦差事，心中頻頻埋怨著：「快累死人了，早知道就去學習拉丁文，坐在桌子前讀書比挖水溝舒服多了。」

雖然，亞當斯已經決定回去唸書，不過自尊心極強的他還是咬著牙，工作完一天之後，才向父親說：「爸爸，我覺得挖水溝實在很累，也很無聊，我還是決定回去學習拉丁文。」

父親一聽，笑著說：「是嗎？那好吧！」

只是讀了兩三天，亞當斯又坐不住了，這個對學習怎麼也挑不起興趣的孩子，當然讓父母十分苦惱，特別是想盡辦法要讓兒子能主動學習的父親，不僅三催四請，偶還以利誘的方式要讓兒子主動學習，但是無論什麼方法始終都不見成效。

後來，他實在想不出辦法了，只好問沒有學習慾望的兒子：「孩子，你將來到底想做什麼？」

沒想到十歲的亞當斯毫不考慮地說：「農夫。」

這次，父親確實有些生氣了，一想到他付出了那麼多心力要兒子成材，如今孩子竟沒有體諒他的苦心，給了他這麼一個答案。

「那好吧！我就教你怎麼當農夫吧！從明天開始，你每天早上都得跟著我到渡口割茅草。」

第二天一早，亞當斯父子一起出發到渡口，在河邊的農地裡工作了一整天，小亞當斯還弄了一身的泥巴。再一次嚐到「苦頭」的約翰・亞當斯，拖著疲憊的身軀回家，在此同時，心中要當農夫的熱情也消退了不少。

父親看著滿臉疲態的小亞當斯，問道：「孩子，你今天有什麼心得？對於農夫這份工作你還滿意嗎？」

沒想到，倔強的小亞當斯竟然回答說：「我非常喜歡！」

這個答案讓父親有些吃驚，因為他以為孩子準備放棄了，然

而他忽略了亞當斯的倔強個性，為了維護自尊心，怎麼也不願意說出「我不做了」。

雖然亞當斯嘴巴硬，但是最終還是得面對自己，自從嚐過了農夫的辛苦滋味後，亞當斯再也不敢提出要求了，從此自動自發地讀書，學習非常認真，因為他知道：「再也沒有比讀書更輕鬆的事了！」

對於亞當斯的體會，相信是每一位已踏入社會的人共同感受。

可以單純地當個學生繼續學習，確實是件既快樂又幸福的事，因為不管外面的世界多麼複雜、紛亂，學生只需要專注於自己的研究、學習的天地就夠了，沒有額外的壓力與責任必須承擔，一切只需要對自己負責。

其實，我們不必再三感嘆已逝的求學生涯，因為即使步入了社會，我們還是會有許多進修機會，可以重溫學生時期的學習樂趣與獨立思考的自由。

除了之外，我們更要主動爭取學習的機會，一旦有機會學習新的技能或知識就絕不能錯過，因為在這些「學習時間」裡，我們不僅能重溫愉快的學習經驗，還能找回失去已久的自己。

給自己一個色彩豐富的人生畫面

只要你腦海裡充滿創意想像，那麼不管我們面對著什麼樣的生活畫面，必定都會是你期望的多色人生。

你的人生是黑白還是彩色的？

如果不想讓生活充滿灰暗的色調，那麼你就得想辦法幫自己多上一點色彩。

就算眼前是一片黑，你也可以在自己腦海點上幾點燦亮星光，更可以在自己的臉上拉出一彎微笑月光，相信這些我們都可以做到，不是嗎？

講台上的演講者是位藝術家，今天的主題則與繪畫有關。

藝術家看著台下的學生們，心裡想：「表達方式可能要活潑一點，不然學生們肯定要睡著了。」

於是，藝術家決定從另個角度來解說彩畫的天空：「現代派的藝術家都很隨性，關於作品要如何呈現，他們只知愛怎麼畫就怎麼畫，至作品呈現出來的又是什麼，他們也是愛怎麼解釋就怎麼解釋，十分自由隨性。」

接著，藝術家拿出了一張白紙，說：「這也是我的畫作。」

台下的學生看著白紙，有人不解地問道：「請問，您畫了些

什麼？」

藝術家笑著說：「小雞吃米。」

「可是，米在哪兒？」坐在第一排的學生搔著頭問。

藝術家說：「米被雞吃光了！」

「那雞呢？」

「雞？米都被吃光了，雞還待在那兒做什麼？」

聽見藝術家這麼回答，台下的學生們全都哄堂大笑，因為這個比喻十分有趣。

藝術家看著聆聽者越來越有精神，滿意地繼續說：「其實，白紙也是畫，黑紙也是畫，你們不妨想像一下，黑紙可能是什麼樣的畫面，那能不能是一幅沒有月亮、星星的夜晚，只有一隻閉目養神的烏鴉呢？」

學生們跟著藝術家想像，忍不住全都會心一笑，這就是藝術家的巧思。

的確，黑紙與白紙原本就什麼東西都沒有，不過經過藝術家的詭辯之後，卻成了有形有物的趣味佳作。

藝術家以幽默的方式引導，不但充分地展現了自己的藝術天分，深深地吸引著人們的好奇心與專注力，更因為他運用了豐富的想像力，帶領人們進入充滿創意的藝術天地。

生活就是這麼回事，一點巧思便能增添人生的色彩，給自己多一點想像空間，我們的世界就會變得很不一樣。

生活其實一點也不乏味，真正把生活變得乏味的，無疑正是我們自己。

因為，每個人的態度與生活取角的不同，看見與感受到的人

生視野也有著不同。

　　生活其實很簡單，一顆心怎麼感受這個世界，我們的生活就會是什麼面貌，而且，我們更可以這麼說，懂得選取微笑角度的人，自然臉上永遠充滿快樂微笑。

　　無論是一張潔白的圖畫紙，還是整張黑漆漆的畫紙，只要我們腦海裡充滿創意想像，那麼，不管我們面對著什麼樣的生活畫面，必定都會是我們期望的多色人生。

PART 6

冷靜面對
人生中的每一個逆境

生活有許多難以預料的事，

少點計較，多點寬容心，

最終的受惠人始終是我們自己。

吹走失敗的烏雲，讓陽光再現

積極行動，樂觀面對，只要不否定自己，終有一天，我們的夢想一定會找到適合停靠的彼岸。

法國文豪雨果在《笑面人》一書裡寫道：「如果沒有風暴，船帆不過是一塊破布。但是，疾風能把這塊非常柔軟的破布吹得鼓膨膨的……」

在人生的旅程中，想要獲得寶貴的成功，想要過得幸福快樂，每個人都必須像船帆一樣迎向疾風，不要畏懼失敗挫折。

不斷地面對失敗，確實是件很殘忍的事，但是，如果不肯好好地面對它們，我們便很難嚐到成功的滋味。

正視眼前的失敗，也許，我們只須再用一口氣就能把失敗烏雲吹走，請快點亮自己的希望燭光吧。

雖然舒格的目標是成為一個成功的企業家，不過，不管他付出多少，卻始終未能達到他所期盼的成功顛峰。

有一天，他發現：「聽說秘魯的首都是個正在快速發展的大城市，那麼，當地的人口一定很多囉！人口多的地方，對於新鮮家禽肉品的需求量應該也很大吧？這麼說來，那裡的商機也非常多囉！」

　　舒格想著想著，竟越來越覺得自己充滿了成功希望，開心地呼喊著：「這個主意太棒了，舒格你真是太聰明了！這麼好的賺錢機會就在你手中，多年的夢想就要實現了！」

　　發現了機會，舒格立即調查市場上的雞肉需求與品質，最後做出結論：「只要我能供應又肥又嫩的新鮮雞肉，各大超商一定會搶著向我訂貨。」

　　舒格一邊開心地幻想著，一邊則積極地開始行動。首先，他找到當地一塊乾淨沒有污染的農地，接著便煞費苦心地修建農舍，添購設備和種雞。一切大致搞定之後，他繼續想像著：「一切都準備妥當了，看來產量一定非常可觀，接下來我就可以坐在家裡數鈔票囉！」

　　但是，結果卻未如預想，由於當地人對於雞肉價值看法不同，雖然舒格的雞肉看起來確實肥美鮮嫩，但是價格卻高得嚇人，雞肉對收入不高的秘魯人竟成了奢侈品。

　　面對這樣的結果，舒格不得不承認自己失敗了：「預想的事情果然沒有絕對，事實總是很現實的。」

　　多次受挫的舒格嘆了口氣，對自己說：「失敗就失敗了，但我還是可以演一場**轟轟**烈烈的結局。」

　　不久，舒格在秘魯舉辦了一個前所未有的烤肉大會，現場他不僅提供清倉價的雞肉，更親自燒烤這些肥美雞肉給大家吃。

　　看著大家如此開心地品嚐、玩樂，舒格的心情也舒坦了不少。

　　燒烤會順利地結束，他決定從此放棄企業家的夢，重新找尋一份平凡的工作來養家糊口。

　　只是正如他所說的，預想的事果然沒有絕對，這場燒烤會竟讓他燃燒出希望之光。由於燒烤會非常成功，他那些肥美多汁的烤雞肉一夕成名，朋友們則紛紛鼓勵：「你可以在這塊農地上開

一間大型雞肉燒烤餐廳，相信餐廳的生意一定會非常好。」

「餐廳老闆！」舒格心中被新的夢想所佔據了，然而一次他知道，這個夢想一定會成真。他已經記不起來之前失敗的痛苦，此刻，他滿腦子都是餐廳「門庭若市」的景象。

每件事都用盡全力實踐的舒格，這一回終於心想事成了。從失敗中重新振作後，他的鬥志更勝以前，而且也更樂在工作了。如今，這間餐廳不僅是當地最有名的餐館，更是世界各地遊客們必經的大型渡假勝地。

看完舒格努力爭取夢想的過程，相信每個人都想為他鼓掌叫好。因為，當舒格的想像與現實行動出現落差時，他擺出永不認輸的模樣，實在令人讚賞。當他不得不面對失敗時，總是能不斷地轉換自己的心情，也不斷地給自己新的機會，讓人不得不佩服他的鬥志居然如此高昂。

其實，只要每一件事都竭盡全力去做，即使遭遇挫敗也能坦然承受。從舒格的身上我們確實學到了許多東西，無論是積極行動，還是樂觀面對，舒格總是不斷地提醒我們：「只要不否定自己，總有一天，我們的夢想一定會找到適合停靠的彼岸。」

給自己一個明確的未來方向

 對未來茫然不知所措的人，心中早被恐懼與不安佔據，自信心根本沒有餘地立足，不是嗎？

你希望每件事都能達到事半功倍的效果嗎？

方法只有一個，就是現在立即找出一個明確的方向，當你知道自己想做什麼，也知道自己該做什麼之後，你自然能找到「事半功倍」的方法。

剛滿二十五歲的卡拉對於目前的工作十分不滿。他不斷地向友人葛維埋怨：「我想找個稱心如意的工作來改善目前不如意的情況。長久以來我一直朝著目標前進，但是老天爺為什麼就是不能讓我如願呢？」

「但是，你想做什麼？」葛維一直搞不懂卡拉的目標是什麼。

卡拉遲疑地說：「其實，我自己也不太清楚，我從來沒想過這個問題。總之，我知道我的目標絕對不是現在這個樣子。」

葛維無奈地聳了聳肩，又問：「好吧！那你的興趣是什麼？你又有什麼專長？還有，對你來說什麼是最要的？」

卡拉聽完葛維一連串的問題，答案仍是：「我也不知道，這些問題我從來都沒有仔細想過。」

　　葛維一聽，只好再換個方式問：「我這樣問好了，如果你有權選擇，你現在最想做什麼？或者你真正想做什麼？」

　　卡拉臉上始終充滿了困惑，只見他嘆了口氣：「唉，我真的說不出來！究竟我喜歡什麼呢？我想，我真的需要花點時間好好地想一想。」

　　「不行，你現在就得好好地想一想這些問題，我們可以一起討論。」熱心的葛維說。

　　「從哪裡開始？」腦海仍然一片渾沌的卡拉著急地問。

　　葛維說：「你現在很想離開這裡，但卻不知道要往哪兒去，那麼你要怎麼走出這個大門？既然你不知道自己喜歡什麼，也不知道自己能做什麼，怎麼可能找到稱心如意的工作呢？」

　　卡拉聽到這裡，整個人忽然精神了起來：「說的也是！」

　　葛維笑著對他說：「卡拉，想脫離現狀的話，你現在就得給自己一個明確的未來方向！」

　　卡拉點了點頭，兩個人努力地分析卡拉的專長、興趣與曾經有過的夢想，只見卡拉臉上的笑容越來越燦爛，眼神也越來越有自信了。

　　討論完畢後，葛維鼓勵著朋友：「雖然你對自己的才能還不太了解，但是只要多給自己一點信心，很快你就能發現自己的潛能所在，加油吧！」

　　卡拉有些激動地對老朋友說：「謝謝你，我知道接下來該怎麼做了。」

　　「你能做什麼？你想做什麼？還有，對於未來，你又有什麼規劃？」

　　這一連串的問句正是故事的主題。沒有明確的答案，只想導引我們誠實地面對自己，用心地為自己找到明確的方向。

　　其實，經常抱怨現實環境的人，往往不是因為他們有多麼崇高的願景和理想，而是他們根本不知道自己要往哪兒走，只能像卡拉一樣，整天留在原地怨天尤人。

　　我們都知道信心的重要，但是信心卻只能建立在明確的實踐目標上。畢竟對未來茫然不知所措的人，心中早被恐懼與不安佔據，自信心根本沒有餘地可以立足，不是嗎？

　　想踏出改變的第一步，走出現在的困境，首先要確定自己前進的方向，唯有方向確定了，我們才能滿懷信心，勇往直前。

對自己要有信心，才能堅持下去

 不管我們正面臨著什麼樣的困境，只要你的才能沒有喪失，只要夢想目標沒有模糊失焦，就一定能堅持下去。

希望能得到人們的支持，就要先堅定自己的立場與信心。

如果連自己的立場都模糊不定，對自己更是一點信心都沒有，怎麼可能得到人們的支持，又怎麼可能有勇氣堅持下去？

華爾街女強人繆莉爾‧塞伯特是個相當有魄力的女性，在她踏入紐約這個世界金融中心以後，一直是所有目光的焦點，做事積極且充滿行動力的她，很快便成為金融圈的第一把交椅。

塞伯特在紐約市政府擔任銀行管理的工作，力求表現不負所託，讓長官們十分賞識。不久，金融界傳出了匯豐銀行準備收購紐約市的某間銀行時，塞伯特女士卻第一個站出來，提出反對意見：「州長，我們不能讓外國銀行掌控本市銀行的股權。」

第一時間便站出來反對，令很多人為她捏了把冷汗，因為市長支持這件收購案。

冒著可能被撤職的風險，塞伯特女士始終堅持她的立場不肯退讓，她找出了各項法令來支持自己的論點，最後她的專業再次戰勝了一切。

　　有這樣不畏官階的氣勢與勇氣，只因為她知道：「只要立場正確、方向無誤，勇敢地堅持下去就對了。」

　　一九八一年，她在處理格林威治銀行的危機時，也再次展現了令人刮相看的卓越才能與魄力。

　　這間銀行支付給存戶的利息很高，但它的收入來源卻是低息抵押，入不敷出的結果當然虧損累累了。

　　眼看銀行瀕臨破產，塞伯特女士立即展開行動。因為這不只是格林威治銀行內部的事情，還影響到紐約市整個金融市場。

　　金融世界存在著一種密不可分的連鎖關係，一旦格林威治銀行倒了，其他銀行門口肯定也會出現擠兌人潮。

　　為了安定人心，也為了早日除去民眾心中的恐慌，塞伯特女士連忙與聯邦儲蓄保險公司商談，希望能早日找到解決的辦法。

　　塞伯特女士四處溝通找救兵，希望有銀行願意與格林威治銀行合併，但是走遍了紐約市，竟沒有一間銀行願意分攤這個沉重的負擔。

　　雖然塞伯特女士頻頻碰壁，卻從未有過放棄的念頭，始終都用這句話來勉勵自己：「只要立場正確、方向無誤，勇敢地堅持下去就對了。」

　　辛苦奔走了兩個月，終於有了收穫，紐約大都會銀行總裁總算點頭了。至此，萬事皆備，只差一紙合約。塞伯特女士細心安排了聯邦儲蓄保險公司、格林威治銀行與大都會銀行的合作聚會，最後格林威治銀行在她的努力下，終於脫離破產倒閉的命運。

　　經過這件事之後，塞伯特女士頓時成了紐約市的風雲銀行經理人，更成為金融界炙手可熱的人物。

　　固執的塞伯特女士，沒有花俏的交際手法，只有盡責平實的處事作風，這卻是讓她的專業才能更加突顯的助力，所以無論面對什麼樣的難題，她始終都能堅守：「只要立場正確、方向無誤，勇敢地堅持下去就對了。」

　　我們試著把這樣的成功法則應用在自己身上，當自己努力爭取機會的時候，不知道你的態度是什麼？是不是也像塞伯特女士一樣充滿了信心，堅信自己一定能成功呢？

　　不管正面臨著什麼樣的困境，只要你的才能沒有喪失，只要夢想目標沒有模糊失焦，就一定能堅持下去。

　　就像塞伯特女士在故事中分享的經驗：「帶著你的責任感與自信心勇敢前進，只要你的立場夠堅定，確定方向無誤，再湍急的水流，也一定能渡過。」

冷靜面對人生中的每一個逆境

生活有許多難以預料的事，少點計較，多點寬容心，最終的受惠人始終是我們自己。

我們沒有太多時間彌補錯誤，更沒有太多時間一再從頭，所以跨出每一步都要謹慎小心。

不過，也不必太擔心，因為老天爺給予的艱難與險惡皆有其因，也必定有特殊目的，只要我們能冷靜面對，用心體悟隱含其間的寓意，自然會走出困境，看見人生的另一片風景。

珍子家世代都是從事養珠工作，珍子身上的首飾配件當然少不了珍珠。不過，有一顆珍珠對珍子來說，卻有著非凡的意義。

那年，珍子準備遠赴美國求學，在她離開家門前，母親慎重地將她叫到一邊：「珍子，妳過來一下，媽媽有話要對妳說。」

「媽咪，什麼事？」珍子問。

母親拿出了一顆珍珠，告訴她：「孩子，妳看看這顆珍珠，當女工把沙子放進蚌殼的體內時，蚌殼一定會感到不舒服，但是卻無力把沙粒吐出去，這時它便面臨了兩個選擇，一個是抱怨自己的遭遇，當然生活也不可能會因此好轉；另一個方法則是，想盡法子讓沙粒成為體內的一部份，盡力包容、忍讓與接受彼此，

然後慢慢地找出和平共處的方法。這時候，蚌殼會開始將吸收到的養分包裹住沙粒，而沙粒也會讓自己融入，因為它知道自己不再是蚌殼體內的異物，而是蚌殼的一部份，所以不能辜負了蚌殼的付出。歷經一番艱辛，我們才能看見珍珠的長成。」

珍子仔細地聆聽母親的指導，明白了母親的用意。她看著手中的珍珠，想著：「一個小小的蚌，居然也知道要找方法讓自己適應一個無法改變的環境，還願意與異己結成莫逆。如此包容、宏觀的視野，連貴為萬物之尊的人們都不如啊！」珍子想到這裡，對母親微笑著說：「媽咪，我知道了，請放心吧！」

據說在尼泊爾流傳著一句著名的祈禱詞：「上帝，請您賜給我胸襟與雅量，請您讓我能心平氣和地接受所有無法改變的事情。請您賜予我力量，讓我改變可以改變的事。請您賜給我智慧，讓我能分辨出可以改變的事情，和無法改變的事實！」

你看出祈禱詞裡的真意嗎？

沒錯，就是「冷靜、勇敢地面對自己的人生」，無論我們遭遇到什麼樣的困難和問題，也無論眼前的麻煩有多棘手，始終都要冷靜、勇敢地面對，而且一切要都靠自己。

若能像蚌殼一樣，用包容的心來面對生命中的對手，能用寬闊的胸襟來待人接物，肯用冷靜的智慧來解決生活中所有的問題，那麼，我們的人生必定更加圓滿。

生活有許多難以預料的事，少點計較，多點寬容心，最終的受惠人始終是我們自己。人生有太多難以預料的逆境，多點冷靜，多些自信，只要我們能提起勇氣面對，再大的挫折也一定能微笑走過。

用寬闊的胸襟迎接未來

 每個人都會有過往的身世，但是人生第一重要的是現在，過去，出身好壞不能代表未來成就高低。

　　每一條成功路都得走過不同程度的辛苦路途，才能來到目的地。所有成功者都會一步一腳印地認真踏過這些艱難的路程。

　　所以，無論一個人是什麼出身，也無論這個人過去的表現如何，我們都沒有歧視、否定別人的權利。

　　來到巴黎之後，大仲馬為了維持生計，經常為法蘭西劇院謄寫劇本，藉此賺取微薄的稿費。

　　原本就著迷於戲劇的大仲馬，這會兒更加有機會閱讀到精采的劇本，慢慢地也培養出寫作的熱情。特別是讀到自己喜歡的劇本時，腦海立即湧現各種劇情畫面，這時他總是忍不住停止謄寫，另外拿出一張白紙振筆疾書，寫下他心中的精采劇作。

　　這天，大仲馬帶著劇本走進悲劇演員塔瑪的化妝室：「塔瑪，我很想成為一個劇作家，您能不能用手碰碰我的頭，給我一點勇氣和運氣？」

　　塔瑪微笑地舉起了手，說道：「好，我以莎士比亞和席勒之名，在此為你這個詩人洗禮！」

大仲馬低下了頭，接著鄭重地說道：「請放心，我一定做得到！」

許下諾言之後，大仲馬花了三年的時間寫出大量的劇本，但是卻沒有被任何一間劇院接受。

直到一九二八年的某一個傍晚，法蘭西劇院送來了一張便條給他：「大仲馬先生，您的劇作《亨利三世》，今晚將在本劇院演出。」

收到這個天大的好消息，大仲馬開心得不得了，立即飛奔至劇院。看見座無虛席的場面，大仲馬的情緒有些激動，雖然他無法靠近舞台就近欣賞自己的作品，但是看見大家如此熱烈的反應，一切已經足夠了。

忽然，舞台上傳來一個聲音：「請亞歷山大‧大仲馬先生上台！」

大仲馬站了起來，因為用紙板作成的硬衣領，讓他不得不高高地抬起頭向前走，身邊的掌聲登時如雷響起。

第二天的報紙上寫著：「大仲馬的頭昂得那樣高，但蓬亂的頭髮彷彿要碰到星星似的。」

《亨利三世》演出成功讓大仲馬一舉成名，接下來，他的另一部《安東尼》也開創了全新的成功紀錄，而他也在短短兩年時間裡，迅速成為巴黎時尚界最紅的青年劇作家。

但是，對於巴黎貴族圈來說，大仲馬的出身根本配不上他的名聲，人們對於他的背景充滿了輕蔑，有人嘲諷他的黑奴姓氏，甚至連巴爾札克這樣的大作家也曾傲慢地當面嘲笑他：「在我才華用盡時，我就會去寫劇本。」

大仲馬立即冷冷地回應：「是嗎？那你現在就可以開始了！」

沒想到，巴爾札克沒有激怒大仲馬，自己卻反而因為這句話

惱羞成怒：「你說什麼？好啊，在我寫劇本之前，請你先談談你的祖先吧！我想，那一定是個很好的題材。」

　　大仲馬看見巴爾札克這樣不禮貌，忍不住火冒三丈地說：「這樣嗎？你聽好了，我父親是克里奧爾人，我最敬愛的祖父是個黑人，我的曾祖父據說是個猴子，而我的家鄉正是在你搬走的地方發源起來的。」

　　昨天和今天最大的不同處是在於，昨日時光已經消逝，無人能追回，唯獨此刻正值日正當中，只要我們能讓今天精彩充實，燦亮陽光便能延續至夕陽餘暉，再至月盈星耀，進而迎接下嶄新的一天。

　　這是我們對生命應有的態度，每個人都會有過往的身世，但是，人生第一重要的是現在，過去或出身好壞不能代表未來成就的高低。所以，有些情緒的大仲馬對巴爾札克說出一個重點：「出身有何重要？無論昨天我踩過多少泥濘，我已到達了目的地，不管過去或身世如何，我和你如今都已經站在同一個原點上。」

　　每個生命皆有各自的價值，沒有人理所當然地繼承前人的庇蔭，更沒有人應該繼續前路的崎嶇，這個態度不是要抹滅過去的經歷，而是希望每個人都能用寬闊的胸襟迎接未來。

　　為了有更好的明天，我們學習把握今天；為了不受昨天牽絆，我們學會善用今天。只要我們像大仲馬一樣，努力地往前邁進，過去的失落與眼前的挫折終將成為迎向明天的一股新力量。天明時分，我們也會像大仲馬一樣迎接人生的驚喜。

無論如何都不能放棄到手的機會

只要你有突破困難的勇氣與決心，即使手中的
成功機會即將失落，你仍能奮力把握，永不忘
棄！

機會那樣難得，那樣珍貴，我們怎麼能讓它輕易地從自己的
手中溜走？

別再問機會怎麼那麼難得，也別再問人生為什麼困難重重，
好機會得來不易，我們要更懂得珍惜、把握。

小澤征爾是聞名國際的日本指揮家，他之所以有崇高的地位
是在貝納頌音樂節的國際指揮比賽中得來的。在這之前，即使在
日本國內，他也只是個名不見經傳的人物。

小澤先生之所以決心參加貝納頌音樂比賽，是受到音樂同好
朋友的鼓勵。自從決定參賽之後，小澤先生便以拿到冠軍為目標，
帶著必勝的信心風塵僕僕來到歐洲。

只是一到當地，立即有難關來攔阻他。抵達歐洲辦理參加音樂
比賽的手續時，忽然發現證件竟然沒有帶齊，即使有參加通知單，
委員會仍然不予受理。

「好不容易來到這裡，我一定要參加比賽！」

決心參賽的小澤征爾積極地爭取，他先來到日本大使館請求

協助，然而館方人員卻表示他們無能為力。

面對這個突如其來的大麻煩，小澤先生並沒有退縮，忽然想到朋友說過的一件事：「美國大使館不是有個音樂部門嗎？只要喜歡音樂的人都可以加入！」於是他立刻趕到美國大使館。

他首先便遇見了負責人卡莎夫人，曾在紐約的樂團擔任小提琴手的卡莎夫人聽完了小澤先生的難處，卻也面有難色地表示：「雖然我也是音樂家出身，但是，美國大使館不能越權干涉音樂節的事。」

但小澤先生仍然苦苦哀求，卡莎夫人思考一會兒後又問：「你是個優秀的音樂家嗎？或者是個不怎樣的音樂家？」

小澤征爾十分自信地回答：「我當然認為自己是個優秀的音樂家！」

如此充滿自信的回應，讓卡莎夫人立即放下了手邊的工作，聯絡貝納頌國際音樂節的委員們，請求他們讓小澤征爾參加比賽。他們商量了一會兒後回應：「兩周後我們會做出決定，然後再通知你們。」

兩個星期後，小澤先生收到了美國大使館的回覆，他獲准參加音樂比賽了。

從預賽到決賽，小澤征爾每一次出場時心中都有一個聲音：「我差一點就被逐出比賽了，就算現在不入選也無所謂，但為了不讓自己後悔，我一定要全力以赴！」

小澤先生在輕鬆以對中，反而更能盡全力表現，最終他沒有辜負自己的期望，拿下了指揮冠軍。

直到最後一秒，小澤征爾都不願放棄。

他努力地奔走在日本大使館與美國大使館之間，為了爭取參加機會，用盡全力堅持到底。

這是國際指揮家小澤征爾面對困難的方法，也給了正陷在麻煩之中的人們一個方向：「只要你有突破困難的勇氣與決心，即使手中的成功機會即將失落，你仍能奮力把握，永不忘棄！」

如果自己都沒有積極作為，不主動為自己找到求生的出路，我們又有何資格等待別人的支援？

無論困境多惱人，都不能放棄。每個人都有自救的本能，只要能多一點意志力和耐力，多一點信心和決心，我們定能克服眼前的這些逆境，一如小澤征爾先生一般，無論命運的風浪搖擺得多麼厲害，始終都能堅毅地將成功握在手心。

放心，一切順其自然就對了

不要強取強給，凡事順其自然，讓供需得到自然的平衡，我們自能踏實無慮地擁有一切。

德國哲學家思格斯說：「人本身是自然界的產物，是在他們的環境中，和這個環境一起發展起來的。」

大自然和我們的生活息息相關，也飽含著深刻的人生哲理，提示我們遭逢困境和阻礙之時應該如何解決。

生活沒有困境便不叫生活，人生沒有阻礙便不算人生。對於這些困境與阻礙我們要像朋友一般對待，交誼的過程不妨順其自然，一切隨緣。

建築大師葛羅培斯設計的迪士尼樂園就要對外開放了。但是，這時卻出現了一個大麻煩，因為各景點之間的連接道路尚未規劃好，甚至連一個具體方案也還沒有著落。

焦急的葛羅培斯為了尋找靈感，參加完巴黎慶典之後，便要求司機帶他到地中海的沙灘散心。

車行在法國南方的鄉間公路上，這裡滿山遍野都是葡萄園，當他們的車子拐入一個小山谷時，卻發現那兒已經停了許多車子。原來，這裡是一個無人看守的葡萄園，葛羅培斯仔細地看了看四

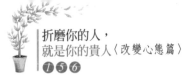

周，只見到一個告示寫著：「在箱子裡投入五法郎，你就可以帶走一籃新鮮葡萄。」

據說這是一位老太太的葡萄園，因為無力照顧、摘採這個葡萄園，於是想出了這個辦法。只是她怎麼也沒有想到，每當葡萄採收期到來，在這個綿延數百里的葡萄產區中，自己園裡的葡萄總是第一個「採收」完畢。

在這個自由採摘葡萄的過程中，葛羅培斯深受啟發，匆匆地要求司機：「快載我回家！」

回到家中，大師立即拍了一份電報給迪士尼樂園的工作人員：「地上全部撒上草種並且提前開放。」

迪士尼樂園提前半年開放了。

就在半年前，到處都被小草所覆蓋，然而歷經半年的踩踏，竟也走出了許多條小路，這些有寬有窄的小路不僅優雅自然，而且各景點之間的連接也十分恰當。

小草路繼續被踩踏了二年，之後葛羅培斯請人照著這些踩出來的道路鋪設上全新的人行步道。

一九七一年的國際庭園建築藝術研討會上，迪士尼樂園的小草路徑被評為世界第一名的設計。

這則小故事有許多角度可以探討，就像大師從葡萄園的經營方式得到的啟發，我們不妨用另一角度去挖掘更寬廣的視野。

其實，那不只是一個小啟發，而是寓意相當深遠的哲思。那也不只是大師創意的展現，更包涵著「凡事順其自然」的啟示。

不管是順從人們需求而採收完成的葡萄園，還是靠著人們自然踩踏出來的小路，我們從中不僅學會了豁達的生活態度，更了

解到生命機制裡的自然法則：「不要強取強給，凡事順其自然，讓供需得到自然的平衡，我們自能踏實無慮地擁有一切。」

　　雖然，小路的形成花了二年時間，然而天然成形的小路卻是恰到好處，從它成形的過程中，我們看見了天地萬物的自然生成機制，也明白了生活應有的態度。

　　縱使目前困在迷惘裡，只要放心地「順其自然」，我們自然會找到生活的最好出口。

越小的問題越要細心解決

 生活真的要細心體會，人生的腳步更要仔細踩
穩，每一個環結都不能輕忽。

別輕忽任何小問題，因為大麻煩都是根源於微不足道的小錯
誤。生活就像在堆疊骨牌，擺放每一片骨牌時都要非常小心，只
要一個小動作有了閃失，無論我們前面付出了多少心血，最終都
要化為烏有。

不要以為昨天找對路，今天就一定也會順利，你可能忽略了
前天踏錯的腳步，導致在相同的道路上再迷失一次。

傑弗遜紀念館建成已久，建築物的表面早已出現斑駁，只是
細心維護的館方人員怎麼也沒想到，維修的結果居然不如預期，
仍是處處裂痕。

為了解決這個問題，官方採取了許多新的維修措施，也耗費
鉅資重新整修，然而問題卻始終都無法解決。

非常擔心這個深具歷史價值的紀念館毀於一旦，政府請來了
多位專家進行研究，希望能儘早找到問題關鍵所在。

一開始，多數人都認為那是酸雨導致的結果，但是當專家們
深入研究之後卻發現，原來是沖洗牆壁所含的清潔劑所致。其中，

有一種成份對建築物有侵蝕作用，再加上紀念館每天沖刷的次數高達七次，這個數字遠高於其他建築物許多，其受損程度當然益發嚴重了。

只是，為什麼館方每天要沖洗這麼多次呢？

原來，紀念館周遭每天都會聚集大批的燕子，大量的鳥糞就這麼落在紀念館的各個角落，包括每一扇窗口。

但這裡又沒有人餵食，燕群為什麼要聚在這兒？

「因為建築物上有燕子最愛吃的蜘蛛！」專家解釋道。

「蜘蛛？怎麼會有那麼多蜘蛛？」清潔人員吃驚地問著，因為他從來都沒有見過蜘蛛。

「因為牆上有蜘蛛最喜歡吃的飛蟲！」專家繼續解釋著。

「那裡有飛蟲？我怎麼沒見過？」管理人員也忍不住問道。

「這裡非常適合飛蟲的繁殖，你看，窗內是不是堆滿了灰塵呢？那正是飛蟲的溫床啊！再加上溫暖的陽光照射，飛蟲的繁殖更加迅速。」專家把問題根本解說清楚。

「我們要怎麼辦？」館方人員問道。

專家說：「把窗簾拉上，少了陽光，飛蟲就很難生存了。還有，別再用清潔劑刷洗了，髒了就用清水沖一沖就好啦！其實，你們也不必特別刷洗，有自然雨水的洗滌就夠了。」

自從窗簾拉上後，燕子果然不再聚集窗口，館方再也不用每天沖洗了。至今，傑弗遜紀念館依然完好如初。

從這個小故事，我們發現，原來每件事的背後都有一條因果鏈，因為陽光、灰塵所以有了飛蟲，因為飛蟲而有了蜘蛛，因為蜘蛛引來了飛燕，最終，因為燕群的駐足而不得不用清潔劑刷洗，

而在清潔劑的侵蝕下，紀念館因此出現了危機。

凡事有果定有因，而且一個結果可能串連著好幾個原因。所以，很多事不能只看表面就妄下結論，我們要發揮科學研究的精神，追根究底，如此才能對症下藥將問題根治。

相同的道理，在日常生活中我們不也經常百思不解，昨天的步伐明明走得很踏實，踩下的足跡是那樣深，為什麼最終還是迷路了？

生活真的要細心體會，人生的腳步更要仔細踩穩，每一個環結都不能輕忽。唯有在結構紮實的基地上，我們才能順利地建築出不倒的高樓。

PART 7

實力充備，
處處都是機會

機會一直守候在我們身邊，

只要我們充實好自己，

便能和機會心有靈犀地相遇。

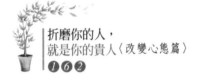
實力充備，處處都是機會

機會一直守候在我們身邊，只要我們充實好自己，便能和機會心有靈犀地相遇。

自知能力不足，心中自然會產生膽怯。因為對自己缺乏信心，面對再好的機會還是會退縮、放棄。

這些情況我們都曾有過，當然也曾因此懊悔不已，只是在記憶起這些錯失的機會之後，你是否更加確定目前應該準備的呢？

西格諾・法列羅府邸正準備舉行一場盛大的宴會，據說今天法蘭西郡主會出席，賓客人數將超過以往，只見府邸上上下下忙碌地佈置會場。

這時，有個僕人怯怯地走到管家身邊，惶恐地說：「先生，桌上的飾品不小心被弄壞了。」

「什麼！」管家瞪大了眼驚呼著，這下子大事不妙了，因為那是主人法列羅特別選購來裝飾桌面的。

管家著急地在會場走來走去，卻又不敢向主人報告。忽然，管家面前出現了一個小孩子，冷靜地對他說：「先生，能否讓我試一試？我可以製作另一件飾品來頂替。」

「你？」管家懷疑地看著這個從廚房走出來的僕人。

「是的,我是皮薩諾的孫子,名叫安東尼奧‧卡諾瓦。」臉色有些蒼白的孩子解釋道。

「小傢伙,你真的做得到嗎?」管家不放心地再問一次。

小男孩點了點頭,信心滿滿地說:「只要您允許讓我試一試,我便能創作一件新的雕塑品出來。」

管家眼看時間緊迫,恐怕來不及找尋替代品,只好讓這個孩子試一試了。

只見小男孩拿來了一塊凝固的黃油,不慌不忙地雕刻了起來,不一會工夫,這塊黃油便成了一隻蹲踞的獅子。管家吃驚地盯著小男孩的動作,接著便欣喜地將奶油獅子端上桌。

晚宴開始,客人們陸陸續續走進了餐廳,沒想到客人們一走進門,全被那隻活靈活現的奶油獅子吸引,現場讚美聲四起。

「這真是天才之作,法列羅,這個偉大的雕塑家是誰?」法蘭西郡主向主人詢問。

原本要責怪管家換掉他挑選的藝術品的法列羅,此刻全換了個心情,高興地請管家將這位藝術家請出來,於是管家只好忐忑地將小安東尼奧帶到客人們的面前。

小安東尼奧出現時,所有人無不吃驚地說:「竟是個孩子,他一定是個天才!」

法列羅一看竟是廚房的小員工,忽然想到一件事:「各位,請聽我說,這孩子確實是個天才,為了讓他的天賦能充分發揮,我將請一位最好的老師來指導他。」

好運忽然降臨身上的安東尼奧,並沒有被眼前的好運氣沖昏了頭,他一直保持純真、熱情與誠實的個性,孜孜不倦地努力學習,並且期許自己成為優秀的雕刻家。

　　如今我們都知道安東尼奧‧卡諾瓦的大名，卻很少有人知道，安東尼奧如何爭取到展現才華的機會，那是他第一次展露天份的契機，當然也是他掌握未來的重要開始。

　　沒有因為擁有更多而失去上進心的安東尼奧，更加珍惜法列羅給予的一切資助，當然也更加努力地把握機會發展自己。

　　已擁有不少資源與機會的你，從小安東尼奧的身上又學習到了什麼？

　　機會一直守候在我們身邊，只要我們願意充實好自己，便能和機會心有靈犀地相遇，並且在人們的眼前展現出最亮眼的姿態和風采。

天賦能力也要靠後天培育

 所有能力都需要時間養成，即使是天賦本能也需要後天的努力。若沒有繼續精進，再獨特的才能也會有能量用盡的時候。

　　許多人都羨慕天才擁有過人的才華和幸運的際遇，認為他們無須多做努力就輕輕鬆鬆攀登成功的頂峰。

　　其實，這種想法是錯誤的，每個人都有自己特殊的才華，也會有好運降臨的時候，只是平時疏懶怠惰，不知精進，也因此經常在關鍵時刻無福領受上天賜予的良機。

　　天才其實並沒有什麼特殊的能力，他們和我們一樣，擁有著相同的感官功能和一顆可以思考的腦袋，只是，和他們擁有著相同能力的我們，卻不懂得好好運用這些天賦本能，所以就只能當普通人了。

　　忙碌了一天，動物學家科爾姆決定今晚好好地慰勞自己一番。他先去吃了一頓大餐，接著便往電影院的方向前進。

　　看板上有一部名為《南極考察記》的記錄片，科爾姆決定選擇這部片子，因為這部片子記錄了一群探險家在南極捕捉的珍貴畫面，其中當然也有科爾姆長期研究的企鵝身影。

　　銀幕上，探險家們翻越危險的冰溝，被冰雪層層覆蓋的極地

看起十分嚴寒，科爾姆忍不住讚道：「他們真是勇氣十足！」

「企鵝！」看見企鵝的畫面時，科爾姆忍不住驚呼。

只見企鵝們活像身著黑色燕尾服的紳士，挺著胸堂，邁著十分可愛的步伐在雪地上走動。

牠們時而滑行，時而匍匐冰上的模樣逗得現場觀眾笑聲連連。

不過，這時候的科爾姆卻有些嚴肅，因為他仔細地看著這群企鵝，在他熟悉的十七種企鵝之中，似乎未曾有這隻企鵝的身影。

「這是什麼品種的企鵝呢？我研究了那麼多年，怎麼一點印象也沒有？」科爾姆認真地想著。

「還是，牠們是人們從未發現的新品種？」

科爾姆這麼一想，神情便顯得有些激動，迫不及待地想到當地瞧瞧這群企鵝了。

當電影院裡的人們哈哈大笑地欣賞影片時，科爾姆的腦海裡卻不斷地思考著：「我確實沒見過這類企鵝，是新品種嗎？但是，探險隊中有那麼多科學家，為什麼沒有人發現牠們的特殊呢？」

科爾姆再次仔細地看著銀幕裡的企鵝，也再次地肯定：「這群企鵝，我真的從未見過。」

電影一結束，科爾便馬上與探險隊聯絡，最後打聽到該隊伍正在紐西蘭休息，連忙趕往機場，朝著他的「新發現」前進。

但是到了紐西蘭，他才知道探險隊又出門考察了。少了探險隊帶路，科爾姆非常失望，不過立即想到一件事：「請問，探險隊有沒有從南極帶動物回來研究呢？」

管理員點了點頭說：「有，有一些魚和企鵝。」

科爾姆一聽，連忙說：「太好了，請您帶我去看看好嗎？」

來到動物園，科爾姆立即奔向企鵝館，走近一看，果然是影片裡的企鵝。只見牠們像影片裡一樣身著燕尾服，大搖大擺地走

著，科爾姆相當仔細地看著企鵝們身上的顏色，以及牠們的身形和動作。

「真的是新品種！」科爾姆開心地驚呼著。

管理員看見科爾姆這樣開心，雖然不清楚為什麼，但也為他而高興著。

沒錯，科爾姆正是從電影上發現了新的動物品種，也許有人會認為科爾姆的發現過程很簡單，但事實上，這個發現可是一點也不輕鬆。

如果，科爾姆不曾對已知的十七種企鵝品種深入研究，並且將每一種企鵝的習性與特徵熟記心中，那麼，他便無法辨識出影片裡的企鵝，與其他已知的企鵝有何不同。

此外，若不是他平日養成敏銳的觀察能力，眼前的記錄片很有可能會被一眼帶過，那麼這個新品種恐怕至今還未被人們發現。

其實，所有能力都需要時間養成，即使是天賦本能也需要後天的努力。與生俱來的能力若沒有繼續精進，再獨特的才能也會有能量用盡的時候。

所以，別小看科爾姆輕鬆的發現，它背後蘊含的旨意是：「從小處培養你的觀察能力，你的才能便會有無盡的發揮機會。」

在有限的機會中充分表現自己

只知一味地埋怨、放棄的人，多數缺乏耐性，
更不懂得把握住表現自己的機會。

法國文豪巴爾札克曾經在著作中告訴我們：「所謂的強者，
就是那些意志堅定，而又能耐心等待時機的人。」

機會看似無窮，實則有限。

我們的生命是短暫的，別輕易地放棄表現的良機，只要我們
確實盡了全力，在每一次表現的機會中充分展現實力，那麼不管
多難得的機遇，我們都不會錯過。

一九八八年的歐洲杯足球賽上，荷蘭隊的巴斯西在這裡一舉
成名，雖然他一度連上場的機會都沒有。

在人才濟濟的荷蘭隊中，巴斯西的表現並不突出，因此教練
團決定讓巴斯西等待後補。

尷尬地坐在板凳區的巴斯西，對於教練團這個安排十分不滿，
卻也不得不服從。只是，好不容易來到了球場上，竟然連上場的
機會都沒有，這點讓巴斯西非常難過，甚至還一度想走出球場，
一個人獨自搭機回國。

或許是老天垂憐他，就在第三場開始不久，荷蘭隊與英格蘭

隊在場上熱烈廝殺之際，主力前鋒受傷了，讓巴斯西終於有機會上場了。

緊緊抓住上場的機會，巴斯西充分地配合主帥的要求。當然，每當足球位在他的腳下時，他更沒有忘記要把握住進球的機會。

這個時候，場上響起了如雷的掌聲。這些聲音正是要送給巴斯西的，因為他一上場便拿下了關鍵性的第一分，接下來他更有如神助般連中三元。

如此精采的表現，當然為他贏得了「主力前鋒」的位置。隨後在對德國的比賽中，也是由他踢進了勝利的一球，自此巴斯西不僅站穩了荷蘭隊的前鋒位置，更被人們尊為足球先生。

拿下了金靴獎之後，巴斯西獲得米蘭隊的高薪合約。在米蘭隊中，他與另兩位伙伴培養出十足的默契，這也讓他的足球生涯再攀巔峰。

後來，有人問巴斯西：「請問您的成功秘訣是什麼？」

巴斯西謙虛地回答：「秘訣？我沒有什麼秘訣！我只是在機運到手時，會緊緊地把握住表現機會而已！」

「別想太多，機會一到手就要好好把握！」這是巴斯西的成功法則，更是經常訴苦自己沒有機會的人應當好好學習的態度。

我們不難發現，那些抱怨很多的人經常說：「我哪有機會啊？我一直都找不到我想要的機會。」

聽見這樣的埋怨，我們不免要問：「是你不清楚自己要什麼，還是人們把機會送到你面前時，卻因為你的設限太多而自己放棄了呢？」

試想，如果巴斯西當初一氣之下便上了飛機，那麼就算老天

爺給他再多的機會，他恐怕連一次也抓不牢。

只知一味地埋怨、放棄的人，多數缺乏耐性，更不懂得把握住表現自己的機會。所以，即使機會送到面前，他們仍然會臭著臉搖頭拒絕。

你表現自我的企圖心有多少，你的機會就有多少。

只要你肯耐心地等待，屬於你的機會便隨時都會出現，就像巴斯西說的：「成功確實沒有秘訣，只要你能耐心等待，一旦機會到手就盡全力地表現自己，那麼成功便是你的了。」

請耐心等待屬於你的成功良機

別只看事情的表面，更別急著地追逐流行，因為越急你越看不見盲點，甚至也越容易錯失良機。

每一位成功者都是這麼說的：「先耐心等待，再累積實力，堅持不懈，然後便是成功之時！」

不妨試著反省自己每次任務失敗的原因，是因為不夠堅持，還是能力有限，又或是因為太過急躁以致於錯失真正的良機？

自從在賓州發現油田之後，從美國各地趕來挖掘油礦的人絡繹不絕。很快地，井架在賓州各地林立，原油產量也快速地上升。

克里夫蘭的商人們對這個新行業也十分心動，他們共推財經經理人洛克菲勒到當地進行調查，請他蒐集原油的相關訊息，好讓他們能夠更加準確地投入市場。

然而，當洛克菲勒來到產地時，卻看見令人怵目驚心的畫面。只見當地到處是高聳的井架，還有許許多多凌亂簡陋的小木屋，人們的食衣住行狀況更是糟糕得令人難以想像。

洛克菲勒心想：「這樣的『繁榮』對嗎？」

發現盲目開採後潛藏的危機，冷靜的洛克菲勒沒有立即回去向商界報告結果，反而是在當地住了下來，因為他要再進一步做

實地考察。

每天早上一起來，他先是仔細閱讀報紙上的市場行情，然後靜靜地傾聽石油商人們的近況。

儘管收集的資料已經不少，然而洛克菲勒任何想法都不透露，總是說：「我了解得還不夠。」

經過一段時間考察之後，洛克菲勒終於回到了克里夫蘭，他向商人們建議：「不要在那裡投資了，那兒的油井已達飽和，而且石油需求量事實上十分有限，油市很快地便會下跌，所以大家不必盲目地跟風進場。」

很快地，洛克菲勒的預言便實現了，因為瘋狂地開探導致生產過剩，油價一跌再跌，一些小油商們因為入不敷出，紛紛退出了這個油田區。

洛克菲勒對此現象下了註解：「一味地跟風是賺不到錢的。」

然而，三年之後，當原油不斷地暴跌之時，洛克菲勒卻認為那是投資石油最好的時機，當他提出這樣的建議時，幾乎所有人都搖頭反對。

只是，洛克菲勒再一次地讓預言成真，獨到且深具遠見的眼光，無人不嘖嘖稱奇。

商界奇人洛克菲勒從二十歲開始便不斷地豔驚商場，他曾經在自傳裡這麼說：「我最欣賞那些馬拉松賽裡的冠軍選手，因為他們的策略是先讓別人打頭陣，然後再抓緊時機，給對手一個出其不意的超越，『後來居上』正是他們成功的招數。」

所以，洛克菲勒總是能耐心等待機會、冷靜觀察情勢，然後再準確地實踐計劃中的目標。

人生不也如此？我們常說的「伺機而動」四個字，正是洛克菲勒的經商之道！

「等待」對個性急躁的人來說有些困難，但是，耐心等待確實是追求成功的不二法門，因為那是站穩基礎的重要功夫，所以洛克菲勒在故事中提醒我們：「別只看事情的表面，更別急著地追逐流行，因為越急你越看不見盲點，甚至也越容易錯失良機。」

洛克菲勒所說的「等待」並非空等，而是要用更謹慎、更仔細的心思來觀察、辨別未來的路，更重要的是，要好好地利用等待的時間養精蓄銳，等到時機成熟時才能一舉成功。

信心就是成功的基石

沒有信心，你什麼辦法也想不出來；希望在你心中，即使再困難的任務也能輕鬆克服。

義大利政治家馬基維利在名著《君王論》裡寫道：「當我們的力量沒有做好準備抵抗命運的時候，命運就會顯出它的威力，它知道哪裡還沒有修築水渠或堤壩來控制它，它就在那裡作威作福。」

這番話告訴我們，命運並非不可抗拒的，厄運也不像我們想像中麼可怕，一切都是因為我們缺乏信心。

多給自己一點自信，然後你才能擺脫恐懼；多給自己一點勇氣，然後你才能越過任何艱難。只要自信與勇氣能時常伴隨在身邊，你的人生就會不斷地出現奇蹟。

美國南北戰爭時期，北方軍隊由於準備不足，前線戰區所需的槍枝、彈藥等物資一直短缺，因而陷入苦戰中，物資缺乏更讓他們節節敗退。

不過，在一八六二年的這場內戰中，卻有人充分地利用他的經商天份，不僅為自己賺進了一筆小財富，還讓國家走出了財務困境，也看見了未來的希望，那個人正是美國銀行家摩根。

傳出軍械物資短缺的時候，摩根第一個想到被棄置在華盛頓陸軍部的五千枝報廢步槍。摩根立即與有關單位連絡，將這五千枝步槍買下，接著轉手賣給了山區義勇軍隊，這一批報廢軍械讓他淨賺了將近六萬美元的利潤。

不久，他又聽聞聯邦政府為了穩定國內經濟並且添購一些軍備武器，準備發行四億美元的國債。

但是，依當時美國整體經濟情況來看，這是相當龐大的數額，想將這筆國債全部數消化，恐怕得找倫敦的金融市場了。

雖然倫敦市場有此能力，然而，想要讓支持南方軍隊的英國掏腰包購買這筆債券，恐怕不是件容易的事。這四億美元國債如果無法售出，美國經濟便要持續惡化下去，而北方軍隊也要繼續陷入苦戰。

於是，著急的政府代表緊急向摩根求救：「請問，您有沒有什麼辦法可以賣出這筆債券？」

摩根竟自信地說：「我一定有辦法。」

面對人人避之猶恐不及的難題，摩根反而躍躍欲試，原來他是這麼想的：「這麼有挑戰性的工作怎麼可以錯過？」

毅然地承擔二億美元的國債推銷任務之後，摩根便立即行動。他對自己深具信心，因為方法早已出現在他的腦海中了。

一開始，摩根並沒有急於推銷，只先向美國的新聞界放出消息，他從愛國的角度切入並且積極宣傳。

原來，他企圖激起人民心中那股維護民族獨立與正義的熱情，進而用愛國意識來帶動人們的愛國行動，其中一項正是購買國債。

在摩根積極宣傳與大聲疾呼下，美國人民果然動員起來，各地熱烈地展開不同形式的支持運動，包括購買愛國債券的熱潮。

有人說那是一個奇蹟，因為這四億美元的債券在很短的時間

內便銷售一空了，而且全數都在美國本土。

當摩根拿到了酬金時，滿意地說：「我從這項任務中獲得的價值，早已超越這筆傭金了。」

成功特質顯著的摩根，不僅有著積極的挑戰勇氣，還有細膩的經商頭腦，充分了解國人心理之後，沒有尋找財力雄厚的英國金融市場，反而向國內的大小投資人求援。因為，他知道：「這場內戰是美國自家的事，當然要求助於自家人，只要用點小小的心理戰術就能刺激人心，畢竟這裡是我們自己的國家，沒有人不希望它好！」

所以，故事中的摩根在美國境內一路奔波，卻從來都「不假外求」，所以，他這一筆財富賺得十分心安理得，甚至還自覺價值非凡呢！

我們感動於摩根的細心為國，更看見了摩根的成功自信，一句「我一定有辦法」，不僅帶出他穩定人心的期望，還告訴我們：「沒有信心，你什麼辦法也想不出來；希望在你心中，即使再困難的任務也能輕鬆克服。」

你的信心有多高昂，成功的機率也將與之齊高。只要做好心理準備，努力地培養實力，帶著積極的挑戰勇氣，你便能像摩根一樣滿懷信心！

給自己多一點磨練的機會

積極地充實自己,勇敢地面對眼前的難題,從當下尋找學習與磨練自己的機會。

別害怕困難,更別擔心遇見麻煩。因為,生活最精采的時候,就是你突破困難的那一刻,以及解決麻煩後的暢快與感動。

所以,別害怕挑戰和磨練,人生中若沒有艱難與麻煩的時刻,我們永遠也體會不到:「生活竟是如此精采!」

約翰跨越了美國半周,終於來到位於鄉村的老朋友喬治家。原本滿臉疲態的約翰,一看見開朗的喬治,整個人的精神又來了。

「喬治,我真是想念你!」約翰激動擁抱喬治。

喬治一聽,忍不住哈哈大笑說:「那好啊!你以後就住在我這兒吧!」

約翰聽見喬治的玩笑話,也忍不住大笑了起來,接著喬治熱情地帶著約翰到他的花園農莊參觀。

「這真是個好地方!」看著喬治美麗的房子,約翰忍不住讚美。

喬治則謙虛地說:「其實,這只是我小小的夢想園地而已,只要一家人快樂,不管住什麼地方都好。」

約翰點了點表示明白。這時，喬治的兒子阿爾夫出現了，一看見約翰，立即禮貌地喊道：「約翰叔叔好！」

「你好啊，阿爾夫。」

看著阿爾夫，喬治忍不住嘆道：「這孩子是我的驕傲和幸福泉源。但是，我一想到他未來要面臨的競爭壓力與多變的社會環境，心中就十分擔憂。這裡的教育環境又很落伍，孩子根本無法體驗到現實生活的真實與殘酷，我真不知道要如何教育他。」

約翰拍了拍老朋友的肩膀，說道：「放心吧！孩子們的將來，就由他們自己去面對與體會。」

「也對，其實，我只是想讓阿爾夫提早體驗『競爭過程』罷了。」

兩個老朋友在花園裡漫步，約翰也確實感受到阿爾夫的聰明與乖巧，當然，還有老朋友的父愛。「能提早獲得磨練的機會，對阿爾夫來說或許是件好事。」約翰心中想著。

約翰抬頭看著天，忽然發現：「喬治，這是什麼樹？」

「胡桃樹，這裡的氣候讓它長得十分高大。」喬治說。

「的確，你們這裡都種胡桃樹嗎？」約翰好奇地問。

「沒有，這裡只有我們家種植，而且僅此一棵喔！它可是我們家的地標呢！」喬治驕傲地說。

約翰邊走邊看著腳下踩著的胡桃，又問喬治：「那胡桃需要多長的時間，才能結成呢？」

「多久？它差不多每天都會落下許多胡桃，你看，我們每天都要花時間打掃庭院⋯⋯」

喬治說到一半，忽然轉身看著約翰，只見約翰很有默契地對著他微笑。

不久，兩個老朋友和一個小孩拿著桶子，再次出現在樹下撿

拾胡桃，三個小時之後，就在他們家的大門口外，三個人搭起了一個小攤子，並由小阿爾夫獨自向路人兜售。

只見小阿爾夫臉上堆滿了笑容，向來來往往的主婦們叫賣著：「阿姨，您要不要買一些胡桃回家？」

磨練的機會其實並不難找，最怕的是一遇到麻煩，我們便害怕退縮，放棄了這些難得的訓練機會。

擔憂孩子缺乏競爭力的爸爸喬治，很清楚知道，與其保護孩子，不如儘早培養孩子們獨立自主的能力，因為孩子越早適應社會的現實，未來越能在多變的社會中求生，這也是歷經社會現實後的爸爸喬治最大的體悟。

反觀，許多被嘲諷為「孝子孝女」的現代父母們，因為太過呵護與寵愛子女，他們的付出不僅未能得到孩子們的回饋，孩子們也因為父母的過度保護而失去了競爭能力。

他們一遇到困難便會退縮，一出狀況，便急著回頭尋找保護，這些都是缺乏鍛鍊的現代孩子們經常出現的危險狀況。

我們不需要預測未來，現在我們可以做的是：「積極地充實自己，勇敢地面對眼前的難題，從當下尋找學習與磨練自己的機會，未來的路等時間到了，累積夠了，自然會知道怎麼走下去。」

盡全力表現出你最佳的狀態

經過非常努力與磨練的人，就能確切地掌握住
「成功時機」。只要一有得分的機會，沒有人
能阻止他們獲勝的企圖心。

　　法國哲學家蒙田曾經寫過一段值得我們深思的話語，他說：
「命運對我們而言，只是提供我們利害的種子和原料而已，然後，
任靈魂隨意地轉變和運用。因為，靈魂才是自己幸與不幸的唯一
主宰。」

　　的確，好運不會直接降臨在我們癡心等待的道路上，必須經
過一番苦心磨練，才有機會點亮機運的火焰。

　　盡力表現自己的時候，不必急於看見成果，因為聰明的人都
知道，答案早已出現在我們前進的道路上了。

　　這一路走來，只要心中沒有不夠努力的慚愧情況，更沒有痛
失機會的懊悔，那麼最後結果一定能達到自己的期望。

　　強森是一個非常優秀的籃球運動員，他的籃球經是：「我只
等待自己最好的表現機會。」

　　有人曾讚美強森的運球就像是一首運動詩歌，因為整個比賽
過程中，那顆球就像他身上的一部份般，他總是能確切地掌握住
運球時律動的和諧感，也十分清楚何時是他出手表現的最佳時刻。

當防守員來到他身後時，他便會滑到另一邊，並即時暗示隊友到達特定位置，接著展開攻勢。體育主播曾讚嘆地說：「他只要用眼睛觀察，便能將球場上的敵人、隊友的位置精準地記在腦子裡，連投球的機會也一併規劃出來。」

幾乎所有的籃球迷無不屏息等待，等待強森再一次突破防守，漂亮地將籃球扣進籃框中。

這是經驗的累積，也是強森的自我訓練，他說：「每當比賽到某一時刻，總會有個聲音從我的耳裡響起：『強森，這是你投籃的最好時機！』於是，我便抓緊了這個機會輕鬆進籃。」

你認為在強森耳邊出現的聲音是誰的？是老天爺好心地提醒，還是另有幫手？事情並非那樣詭譎，那其實是強森自己心中的聲音。因為，經過非常努力與磨練的人，就能確切地掌握住「成功時機」。只要一有了得分的機會，沒有人能阻止他們獲勝的企圖心，更無法從他們手中奪走志在必得的成功果實。

這是成功者共同的特徵，當大多數人還在尋覓方法時，他們早已經邁向了成功的寶座。

人生其實就像球賽一樣，每個人都會有一個關鍵時刻，一旦我們不懂得抓住這個機會，終將失去勝利的契機。

換個角度思考，無論我們正面臨什麼挑戰，也不管在工作中扮演何種角色，都要問一問自己：「我是否已盡全力？」

每一個球員都追求得分的機會，必須盡全力練習，當然也必須在球場上盡力扮演好自己的角色。無論是後衛還是前鋒，對他們來說都只有一個原則：「盡力扮演好你自己！」

貪婪的人很難守得住財富

不要被貪婪佔據，別輕視微不足道的小機運，
因為如果你連小機會也無法掌握，又如何能把
握住生活中的良機？

貪婪正是財庫的漏洞所在。面對無法克制的佔有欲，無論手中握有多少東西，始終都處於坐這山卻望那山的空虛感。對這樣的人來說，即使「佔有」也等同於「失去」，不管雙手怎麼抓，始終都是空空如也。

因此，希望擁有財富的人首先要去除貪婪之心。

因為，被貪婪佔據的人永遠看不見目前擁有的，更不知道享受當下的滿足與快樂。

老富翁的狗走失了，他著急地在報紙上刊登尋狗啟示：「本人的小狗走失了，若有人發現請立即歸還，只要能找到小狗，賞金一萬元，謝謝！」廣告中還附了一張小狗的彩色照片。

報紙才剛刊出，便有人陸續送狗來拿賞了，但是這些狗並不是富翁的愛犬。

一天下來，富翁一家人看完了近百隻的小狗，卻沒有一隻是富翁家的那隻名犬，這時富翁的太太嘆了口氣說：「會不會是真正撿到來福的人認為，這筆獎金太少了？想一想，我們家來福可

是一隻純正的愛爾蘭名犬呢！」

富翁想了想，說道：「說得也是，那麼，我們把獎金提高到兩萬吧！」

於是，第二天尋狗啟示上的賞金又多了一萬。

這天，有個流浪漢走過書報攤，一眼看見了斗大的尋狗啟示，瞪大了雙眼看著這則廣告，接著就拔腿跑回自己的窩居。

原來，他前天在公園裡打盹時被一隻「流浪狗」吵醒，由於這隻狗十分溫馴，流浪漢便把狗帶回去作伴，而現在他將因為這隻狗發財了，這隻狗正是廣告上那一隻名犬。

第二天，流浪漢抱起了狗，大步地邁向富翁家去。

然而，就在前往富翁家的路上，他再次經過了一個書報攤，也再次看見了那則「尋狗啟示」，只是這一看，卻讓他的還狗意願消失了。因為，廣告上的賞金又增加了，這一次更改為「三萬元」。

看著「三萬元」，流浪漢心中想著：「什麼！一天多一萬，如果我多等幾天，不就可以賺更多嗎？」

滿腦子發財夢的流浪漢轉身便將狗帶回家了。

第四天，流浪漢一早就跑到了書報攤找報紙，一看見報紙上的啟示，他滿臉笑容地想著：「哈！哈！果然又漲了！」

接下來好幾天，流浪漢每天都到書報攤前翻閱報紙，而且看完報紙後他總是開心地離去。

賞金一天天地增加，而越來越龐大的數目也引起各界的關注與議論。

「只是一隻狗而已，這筆賞金太誇張了！」

「我認為，一定有人看透了富翁家的弱點，所以到現在還不肯還狗。」

就在懸賞金漲到惹人非議的數目時，流浪漢仍然開心地帶著撿拾來的垃圾食物，準備好好地餵食他的「愛狗」。

「發生了什麼事！」流浪漢吃驚地看著倒臥在前眼的名犬。

狗狗死了，但貪婪的流浪漢卻不知道死因：「這些東西我也有吃啊？我都沒事，牠怎麼會死了呢？」

流浪漢當然想不透了，因為這隻名犬在富翁家吃的都是鮮奶與新鮮牛排，如今卻要吃這些垃圾筒裡的食物，肯定受不了啊！

貪婪只會讓人失去更多，因為無止盡的慾望會讓人不知滿足，正因為不知足，所以人們會不斷地放棄他們眼中「微不足道」的機會。

或許有人要問，怎樣的「等待」才會有好的結果？

道理簡單，不要被貪婪佔據，別輕視微不足道的小機運，如果你連小機會也無法掌握，又如何能把握住生活中的良機？

我們都知道，流浪漢的等待不叫等待，充其量只不過是在做白日夢。再美好的夢都會有驚醒的時候，腳底要踏實地踩在地上才會真實。

我們不應該老是被金錢或物質享樂誘惑，更不應該為了一己之私而貪婪佔有。每個人的機運有限、作為有限，能無愧於心地擁有財富，我們才算是真正的擁有。

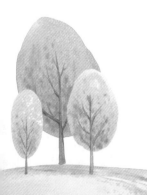

用勇氣敲掉
你心中的那面牆

PART 8

沒有所謂的「難題」和「機會難尋」，

不僅「困難」是我們憑空想像出來的，

就連「機會難尋」的結果，

也是我們自己所造成。

認真生活是成功的第一要務

商機、創意、科學與未來都得從我們目前的生活中獲取，只要我們能認真生活，自然能觀察到其中的可塑性與開發潛能。

不要忽略任何日常事物，因為你需要的機會全在日常生活中。只要比別人更認真生活，更細心地體會生活中的點點滴滴，那麼無論你需要什麼樣的資源，都會自然出現眼前。

所有的科學家自小便都嶄露出絕佳的觀察力。他們勤於思考，並能從平凡事物中發現不平凡處，科學家瑞利便具備了這些能力。

這天，瑞利家來了幾位客人，只見瑞利的母親端著一個盤子走了出來，由於剛拖完地，地板有些溼滑，母親差點滑倒。所幸只微微地顫動了一下，盤子裡的茶杯沒翻倒，只是灑出了一點熱水在盤子裡。

瑞利的母親小心地移動腳步，她走到客人面前時，沒想到茶碗竟滑了一下，茶水也濺了客人一身。

母親滿臉抱歉地說：「對不起，今天手腳很不靈光。」

乖巧的瑞利平日都會立即上前幫忙，但他今天卻沒有幫忙母親招呼客人，因為他被母親方才的一舉一動吸引，正困惑著一件事：「奇怪了，媽媽剛端起盤子時，上面的茶碗應該很容易滑動

啊，為什麼熱茶灑出來之後，杯子就不再滑動呢？我明明看見盤子晃動得很厲害啊！嗯，我一定要弄清楚其中的原因！」

　　觀察力極佳的瑞利，發現茶碗沒有滑出盤子而感到好奇，進而讓他提起了研究的興趣。客人們離開後，瑞利連忙上前收拾茶碗和盤子，這次他不是要幫母親的忙，而是要研究杯子不再滑動的原因。

　　他反覆地實驗杯子與盤子間的摩擦力量，甚至還找來了一個玻璃瓶，接著還將這個瓶子放到透明的玻璃板上研究。

　　他先是在讓瓶子在玻璃板上滑動，並仔細記錄下兩者之間的互動關係，接著他在板子上灑了些水，並讓瓶子再次在板子上移動。經過反覆的練習與分析之後，他終於得出了一個結論：「由於茶碗和盤子的表面有些油膩且光滑，碗底與盤面並不容易吸附在一塊。不過，當溫水將盤子上的油膩成份溶解後，盤面就不會那麼光滑，而茶碗也就不再那麼容易滑動了。」

　　為此，瑞利又進一步展開研究。這一次他從盤子表面的油膩成份，進而研究油與固體物間的摩擦作用力。

　　不久，他提出了「潤滑油」的理論，即潤滑油可以減少摩擦力的發現。後來，這個發現更廣泛地運用到生產機器和日常生活用品當中，總之只要有機器運轉的地方絕對少不了潤滑油。

　　而擁有卓越觀察力與研究熱情的瑞利，更在一九○四年拿下了諾貝爾物理學獎的殊榮。

　　相同的茶杯與盤子組合，換作是你又會想到什麼？

　　相同的茶杯與盤子組合，也許有人發現了茶杯裡的水質與茶葉品質，又或許有人會想像到新設計一組茶杯與盤子，所有的結

果當然因人而異，且唯有認真生活的人才會有這麼多的想像空間。

　　瑞利在故事中表現出來的不是只有觀察力，最重要的部份是他對科學的熱情，對自己感興趣事物抱持的認真態度。因為認真，所以他會比別人更加專注於生活周遭的小事物，當然也更不會錯過新發現的機會。

　　生活周遭的一切事物是進步的根源，也是我們享受生活樂趣最好的方向。商機、創意、科學與未來，都得從我們目前的生活中獲取，只要我們能認真生活，自然能觀察到其中的可塑性與開發潛能。

能全力以赴，機會就會源源不絕

人的一生會有多少機會，我們永遠也無法預料，因而當機會到手時，絕對要好好把握。

你是否經常困惑著：「為什麼別人那麼成功，我卻什麼都沒有呢？明明我們面對的問題一樣，擁有的機會也相同啊！」

每當你思考著這個問題，有沒有坦然地面對自己，深入檢討與自省呢？

你確定眼前的失敗是懷才不遇所致，還是你漫不經心，根本沒有全力爭取？

畢業於西點軍校的艾森豪將軍剛拿到少尉軍階時，便在國內從事軍訓工作。後來，他因為成功地創辦了美國陸軍第一個戰車訓練營，而被拔擢為少校，進而得到康乃爾將軍的青睞，被送到指揮參謀學院受訓。

艾森豪不負所望，以第一名的成績畢業，接下來他的軍旅生涯便充滿了傳奇。

加入了麥克阿瑟的麾下之後，他從團長進展到參謀官，不久又被擢升為准將與第一軍團的參謀長。

珍珠港事件爆發後，艾森豪被派任到作戰指揮中心，從處長

到作戰廳長，看似升遷很快，其中付出的努力卻也不少，他曾回憶：「那段過程是我人生最重要的轉折點！」

其實，這個機會還有著一個伯樂識千里馬的傳奇故事。

據說，當時參謀長馬歇爾請司令部的副主任克拉克推薦一個適當的人才，來擔任作戰計劃處的副處長。

當時，克拉克是這樣推薦艾森豪的：「在我的推薦名單上只有一個人的名字，如果一定要寫十個人名，我只有在這個人的名字下面寫九個『同上』。」

當然，這個絕對人選的名字正是「艾森豪」。

再一次地，艾森豪不負伯樂的期望，在作戰處的表現十分出色，讓馬歇爾十分讚揚。

不久，艾森豪再次被越級擢升，前往倫敦擔任歐洲戰場的司令，任務完成之後又轉往北非出任盟軍統帥。

因為軍事才華充分地展露，專業的作戰計劃更是令人驚豔，所以榮獲五星上將頭銜的艾森豪可說是實至名歸。

回想這一段輝煌的人生，艾森豪將軍只說：「雖然付出了許多，但是我知道運氣對一個人有多麼重要。所以，只要一有機會我一定全力以赴，讓自己在這個機遇中盡情發揮實力。」

艾森豪成功的過程隱含著一個非常重要的人生意義，便是「不負期望，全力以赴」。

那意謂著不負提拔的人的期望，更不能辜負對自己的承諾。所以決定一生奉獻給軍隊國家的艾森豪，一路走來始終如一，不論遇到什麼關卡，他都會積極地鞭策自己：「一定要全力以赴！」

我們不也應當如此？

人的一生會有多少機會，我們永遠也無法預料，因而當機會到手時，絕對要好好把握。

就像艾森豪將軍說的，在這些機會中，我們真正要在意的不是收穫多少，而是自己是否真的努力了，是否在這個機會中充分表現了。

凡事盡全力就對了。無論結局如何，也不管最終是否能如你所願，只要這一段前進的路已竭盡全力不負所託，那麼你的人生必定成果輝煌。

隨時換個角度看問題

如果至今你仍然在原地踏步，那麼務必在明天做些改變，重新面對並且積極解決你的問題！

不管你被眼前的難題困擾多久，請先轉換個角度看問題吧！

不知道你從中看出了什麼端倪？是不是發現自己從來都沒有用心想辦法，甚至只想一直逃避下去呢？

以前，我們始終用同一個角度與心態來面對難題，也在時間的消耗下失去了解決的鬥志。所以，「重新面對」與「積極解決」確實是處理陳年問題的重要方法。

如果不想繼續在相同的問題裡打轉，那麼此刻我們不妨換個角度看，也許很快便能找到輕鬆解題的方法。

被公司聘任為諮詢顧問的克維，今天參與了第一次會議。台上板著面孔的總裁的刻板開場白總算結束了，當他回到克維的身邊就座時，克維忍不住發言：「貴公司都以召開會議的方式來解決問題嗎？」

「當然會，每星期我們都會在這裡開會。我會親自主持會議，其他像是常務副董事、人事主任、培訓部主任及其他重要幹部也一定會出席，這是我們溝通、解決問題的重要方法。」總裁嚴肅

地回答。

克維接著又問：「是嗎？那麼，除了主管級人物會出席會議之外，通常還有什麼人會到場？」

總裁霎時愣住了，因為他竟然想不起來還有誰會出席，克維稍加提示：「你的秘書呢？」

主管恍然大悟地說：「當然在，總會有人要做記錄或發資料等事。」

克維繼續問：「那麼，在座的各位有沒有將上周的會議記錄下來？」

總裁這一次頗為自信地說：「當然有，就在我們辦公室的書架上。所有的記錄都存放在絲綢面的活頁夾裡，而且是逐年逐月逐週地進行歸檔。」

這時克維出招了，他說：「現在我想請各位做一件事，請你們回到自己的辦公室，將上周的會議記錄找出來。」

只見主管們有些煩躁地站了起來，嘴裡叨唸著克維怎麼沒有事先告知。

然而，他們還沒走出會議室，克維又叫住他們：「等一會兒，請你們把六個月前、一年前和兩年前的記錄也找出來。」

聽見克維提出這樣的要求，人事主管忍不住坐了下來，不悅地說：「別浪費時間了，這個以後再說吧！我們現在還是回到原來研討的議題吧！」

聽見人事主管這麼說，克維微笑地說：「這就是這場研討會的主題。」

接著，克維仍然堅持己見，要求主管們回到辦公室，找出陳年的會議記錄，他知道主管們不想回去找記錄的原因。因為，不論是六個月還是一、二年以上的會議記錄裡，有許多議題至今仍

然「未解」。

對克維來說，高層們不斷地召開會議根本無濟於事，大家面對的還是同樣的問題。

克維微笑地看著人事主任冰冷的面孔，說道：「你在相同的問題上花費越多的時間，想必心裡也越舒坦吧！」

人們聽見克維這麼挖苦人事主任，都忍不住笑了起來，因為他們知道，那個「令人舒坦」的東西事實上是讓人十分不安的。

克維分析道：「事實就是如此，很多人喜歡讓相同的問題長伴身旁，就像他們老是穿最喜愛的一件舊毛衣一樣！現在我點出了你們的問題，想必讓許多人更加迷惑不安，但是你們終究要把問題解決，不是嗎？接下來，你們決定怎麼處理呢？」

有人似乎真的更加困惑了：「明天我該從哪裡開始？」

克維語氣堅定地說：「不知道嗎？你明天原本打算處理什麼事？不妨從中做點變化吧！」

我們常說「今日事今日畢」，這正是克維在故事中清楚點出的主旨。從被擱置了許多年的麻煩事務中，我們也很清楚地看見人們的逃避心理。

遇見問題總是習慣用「拖」字訣的人，他們的忙碌狀況其實是種假象。

當他們藉口推諉問題的困難與繁雜時，我們反而可以很清楚地看見他們的缺點，以及能力的優劣與工作態度積極與否。正因為如此，克維能大膽地批評他們的迷惑不安，也直指主管們工作方式的謬誤。

其實，這類行為也是我們常犯的錯誤。遇到問題，許多人習

慣「從長計議」，只是他們竟用「要找到更周全的解決方法」作為藉口，原本慢慢規劃的時間自然被無限地延長，同時也讓自己在相同的問題中越陷越深。

　　對於這些情況，克維明確地給大家一個方向：「無論昨天你想出了什麼樣的方法，也不管之前你怎麼計劃，如果至今你仍然在原地踏步，那麼務必在明天做些改變，重新面對並且積極解決你的問題！」

希望需要積極行動來支持

 不管是遇見瓶頸，還是遭遇阻礙，只要我們能
繼續前進，一定能讓心中希望的目標達成。

　　沒有積極行動，夢想當然無法實現；缺乏行動力的支持，不
管你懷抱著多麼大的希望，最終一切還是要落空。

　　所以，與其將希望放在腦海中想像，不如先行動了再說，只
要能積極地將步伐跨出去，不管這個步伐有多小，你的夢想終會
有實現的一天。

　　有一位四十幾歲的銷售部經理正在向激勵專家拿破崙·希爾
訴苦：「我好害怕失去工作，我有一個很不好的預感，我可能就
要離開這家公司了，怎麼辦？怎麼辦？」

　　希爾細心地聆聽，並且引導他說出理由：「為什麼？」

　　經理仔細地訴說著：「因為最新的銷售成績已經出來，這個
統計數字對我很不利，今年我這個部門的銷售業績比去年低了百
分之七，然而全公司的銷售則額增加了百分之六十五。昨天我被
商品部的經理責備了一頓，他說我老了，一點也跟不上公司的進
度。」

　　說到這裡，經理忍不住嘆了口氣：「唉，我從未有這樣的感

覺，我似乎真的失去了掌控的能力，連我的助理也有這種感覺，許多同事也覺察到我的情況，我真的在走下坡路了。我好像快被淹死了，旁邊還站著許多旁觀者，等著看我滅頂……」

「你想認輸了嗎？」希爾問。

經理聽見激勵大師這麼問他，一時竟呆住了，因為以目前情況來看，他似乎已經輸了！經理再次地嘆了口氣說：「唉，我無能為力了，我真的很害怕，但是，我又希望會有轉機……」

希爾立即插話反問：「你只是希望而已嗎？」

希爾停了一下，沒等經理回答，又接著問：「為什麼你不肯採取行動來支持你的希望呢？」

經理眼神忽然亮了起來，希爾引導他：「今天下午你就要想出辦法，將銷售數字提高。你一定知道營業額下降的原因，只要能把原因抓出來，你便能讓『希望』實現。現在，你有兩條路可以走，第一，你可以從現有的貨物中變化，也可以讓你的推銷員表現得更加積極、熱情。雖然我無法準確地指出提高營業額的方法，但是我知道你一定有方法。總之，你要讓身邊的人知道，你還活得好好的，絕對不是一個快要淹死的人。」

經理聽完希爾的心戰喊話，眼神中再度充滿了勇氣，點了點頭後又追問：「第二條路是什麼？」

「第二條路，就是從現在開始，你不妨留意一下有沒有更好的工作機會，萬一在你積極改進之後，還是保不住目前的工作，至少你知道還有另一個方向可走，不致於在第一條路上鑽牛角尖，你說是不是呢？」希爾再一次地清楚指引出方向。

過了幾個月，這位經理在電話另一頭激動地說：「希爾，我真的成功了，我發現原來問題是在推銷員身上。以前我們是一個星期開一次會，現在則是天天開會，推銷員們現在個個都充滿了

幹勁，他們似乎很明白我改革的決心，所以比從前更願意付出努力。還有，當我同時進行第二條路時，竟然一下子就得到了兩份工作機會呢！雖然我全部婉拒了，但是那卻讓我的信心加倍，我實在太感謝你了。」

希爾笑著說：「不必感謝我，因為真正幫助你找回信心與成功的人，不是我，而是你自己。」

心中的希望一點都不難實現，所以拿破崙‧希爾一再勉勵世人：「請採取積極行動來支持你的希望。」

不管是遇見瓶頸，還是遭遇阻礙，只要我們能繼續前進，一定能讓心中希望的目標達成。無論阻礙多大，我們始終得靠自己找到出口，希爾推辭感謝並不是自謙之詞，而是要我們明白一件事實：「人們的提醒與叮嚀多數只具安慰作用，並不具備實質的解決功效。無論我們遇見什麼樣的難題，最後能解決它的人，始終是我們自己。」

聽完激勵大師的開導，不知道你是否已豁然開朗？

人生原本就充滿大小問題，聰明的人會利用這些問題來豐富生活，因為他們知道，生命最有趣的部份不在成功之後，而是在成功之前。因為在這之前，那一段難得的風雨體驗和辛苦走過的重重驚險，確實令人回味。

用勇氣敲掉你心中的那面牆

沒有所謂的「難題」和「機會難尋」，不僅
「困難」是我們憑空想像出來的，就連「機會
難尋」的結果，也是我們自己所造成。

人生一定會遇到難題，只是每個人應對難題的方法不同，有
人會在困難前方建築一座牆，以為這樣便能阻止麻煩，殊不知，
如此一來反而把自己閉鎖在另一個囚籠裡。

當然，有更多的人只想衝破難關，因為他們知道，只要走過
這道關卡，迎向他們的將會是一片海闊天空。

為了挑選出能勝任總理大臣的人，波斯國王把眾官員們全召
集到宮廷內的一座大門前，準備測驗出真正智勇雙全的人才。只
是，面對這個長久緊閉的大門，大家完全猜不到國王到底想玩什
麼把戲。

這時，國王用十分宏亮的聲音說：「我知道，你們都是充滿
智慧與能力的人才，請你們先看看這座大門，這是我國境內最大
最重的門，據說一直到今天還沒有人打開過，不知道你們之中有
沒有人能打開它？希望有人能幫我解決這個謎題。」

有些官員只遠遠地看著這座大門便連連搖頭了，更別提要他
們想出解決辦法；當然也有官員走近大門邊，仔細地研究這個大

門的構造與材質，但是他們才摸了兩下便又退了回去，國王耐心地在一旁等候，卻頻頻看見官員們不斷地退回台下，忍不住嘆了口氣。

忽然，在從未間斷的「沒辦法」的答覆聲中，有個宏亮的聲音響起：「國王，讓我試試吧！」

只見這一位官員走近大門，先是仔細地觀察了一番，接著他又用手四處探索，用盡了辦法想試探出開啟大門的方法。雖然找了很久，但他沒有放棄的念頭，且鬥志越來越高昂了。

「這是？」這位官員似乎發現了什麼東西，他伸手一抓，竟抓到了一條沉重的鐵鏈子，接著他信手拉了起來，沒想到大門竟然打開了。

終於有人把大門打開了，國王高興地站了起來，接著大聲宣告：「從現在開始，請您擔任本國的總理大臣，如此重要的職務只有您才能勝任。因為，從這件事情之中我們很清楚看見您的才能，您不僅深具遠見，而且見微知著，最重要的是，您的勇氣非比尋常。」

國王說到這裡時，看了台下的其他官員一眼，接著說：「當大家認定眼前的事務必定困難時，便急著放棄，一點冒險的勇氣都沒有。」

聽見國王的斥責，台下的官員們一個個羞愧地低下了頭。

看似牢固的大門只須稍微用力便能開啟，但其他人為什麼做不到呢？

其實，並不是做不到，而是大多數人懶得改變自己，懶得解決問題，對他們來說「保持現狀」是最好的生活狀態。雖然日子

過得一成不變，他們頂多嘆口氣說「無聊」，卻怎麼也不肯鼓起勇氣改變現狀。

反省目前的生活，你是不是也像故事裡一味退縮的官員們一樣？因為一個懶字，因為害怕面對挫折，寧可在唉聲嘆氣中不斷地放棄機會？

換個角度思考，這不也代表著，原來根本沒有所謂的「難題」和「機會難尋」，因為不僅「困難」是我們憑空想像出來的，就連「機會難尋」的結果也是我們自己所造成。

一個缺乏嘗試勇氣的人，不僅難以取信於人，更不可能有任何作為。機會就在自己手中，只是不知道你能不能鼓起勇氣，積極爭取。

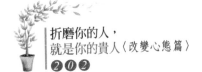
「面對」是消除恐懼的最好方法

生活中，不管我們遇上了什麼樣的問題，確實都不難解決，因為真正的麻煩始終在我們的心中。

有時候，我們根本不知道自己在害怕些什麼，明明只要再跨一步就可以抵達目地的了，偏偏要不斷地繞路，試圖尋找其他的道路替代。

或許，你曾看見人們被地上的小石頭絆倒過，但是這不代表你也一定會被絆倒。

一味地擔心自己也會被跌倒有何用？既然已經發現了小石頭，我們何不將它搬移，為自己清出一條平坦的路呢？

卡蘭德正在澳洲某家豪華飯店的游泳池邊，今天天氣非常好，熱情的太陽正高高地掛在天空。

看著朋友們在泳池裡快樂嬉戲的模樣，卡蘭德十分羨慕。這時朋友呼喊著：「卡蘭德，快下來玩水吧！」

但是，卡蘭德卻連忙搖了搖頭，說道：「不要，我怕曬黑，所以……所以我不想下水！」

聽見卡蘭德這麼說，朋友們忍不住笑了出聲：「是嗎？怕曬黑？還是因為你怕水，所以不游泳啊？」

卡蘭德聽見朋友這麼嘲笑他，臉上登時變了顏色。問題是他始終只能生悶氣。朋友們說得沒錯，他就是因為怕水，不敢下水游泳啊！

直到有一天，朋友們邀他到溫泉渡假中心旅行後，卡蘭德終於學會游泳了。這天，卡蘭德終於鼓足了勇氣下水，沒想到這一下水，讓卡蘭德發現：「這一點也不難啊！」

雖然，他知道下水不難，但仍然不敢游到深水區域，友人這時鼓勵他說：「試試看，別怕，你把頭伸進水中，看看會不會沉下去。」

「什麼？沉下去？」卡蘭德以為友人又故意嘲諷他了，便不悅地準備上岸。這時朋友問他：「你怎麼了？又想放棄啦！」

卡蘭德一聽，賭氣地回到了水池裡，接著便讓自己的頭沉入水中，慢慢地游到深水區去。這時他也發現，原來身體根本不會沉下去啊！

「怎麼會這樣？」卡蘭德不敢相信自己做到了，驚訝地看著朋友。

友人笑著說：「當然不會沉下去了，真不知道你在恐懼些什麼？」

從那天開始，卡蘭德再也不怕水了，游泳更成了他每天的例行運動。

去除不了心中的恐懼，害怕的陰影便要永遠地跟隨著你，成為你想甩也甩不了的負擔，甚至由於恐懼感的阻礙，讓生活不斷地在遺憾中走過。

不希望人生出現遺憾，那麼我們就不能逃避心中恐懼，而是

要面對它，想盡辦法加以克服。

就像不能害怕失戀而不戀愛的道理一樣，千萬不要給自己太多無謂的恐懼，還未經嘗試，怎麼知道哪些事情真的充滿阻礙，哪些問題原來一點難度也沒有？

不要讓負面示左右自己，卡蘭德在故事中分享了他的領悟：「原來心中想像和實際行動後竟有如此大的差別，原本以為萬分艱難的事，沒想到竟然如此簡單。」

生活中，不管遇上了什麼樣的問題，確實都不難解決，因為真正的麻煩始終在我們的心中。

如果我們無法去除恐懼，並且敞開心胸相信自己的解決能力，那麼即使原本只是件芝麻綠豆的小事，累積久了，也要成為遺憾終生的大事。

用心珍惜你生活中的一切

只要我們願意多花點心思觀察，能夠多用點時間思考，新的生活感觸與哲思便能從出現腦海。

對你來說，眼前唾手可得的小花小草具有什麼樣的意義？是隨手丟棄也無所謂？還是你會想到環保的重要而善加利用它？

無論眼前的事物對你有著什麼樣的意義，從「資源有限」的角度來深思，即使是一朵小花也要懂得珍惜，只因它是美化大地容貌的重要角色，不想失去賞心悅目的美景，便要知道珍惜。

早上的天氣相當晴朗，碧藍的天空中飄著朵朵白雲，這個景象讓薛斯特頓十分心動，這時他想：「反正沒什麼事，不如到外面畫畫吧！」

薛斯特頓隨手拿了六枝顏色不同的粉筆，就在他準備出門時，忽然想起了一件東西：「咦？少了圖畫紙！」

於是，他走進了廚房，向廚房工人們要了一些包裹食物的棕黃色草紙。對他來說，這種粗紙一點用處也沒有，配合他畫完即丟的圖畫再好不過了。只見他口袋塞了六枝粉筆和一大疊黃色紙張後，便輕鬆出門了。

今天，薛斯特頓不是要寫生的，只是想找個地方隨意塗鴉。

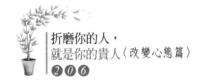

他爬過了一個個山坡，最終來到一個雜草叢生的丘陵上，便隨性地找了一個平坦的地方坐下。

「要畫什麼呢？」

薛斯特頓抬頭看著天空，認真地想著畫畫的主題：「嗯，魔鬼和天使應該是這樣的狀況，啊，人類原始的形象應該穿著陰森而暗紅的袍子，他們是某個古神的信徒，當時的海洋想必是綠色的……」

鮮艷的粉筆塗在棕黃色的粗紙上效果極佳，讓薛斯特頓有些吃驚，因為他筆下虛構的想像似乎變得更加鮮明、真實。

「啊！少了白色！」

忘了準備白色粉筆的薛斯特頓有些懊惱，白色對他來說真的非常重要，因為所有色彩從來都以白色為基礎，但白色粉筆竟然忘在家中了。

「這張紙上少了白色怎麼可以呢？」

這時薛斯特頓停下了繪畫，煩躁地看了看四周，忽然有個意外的發現。

仔細環顧四面之後，他才發現自己正處在一片「白色」岩石堆中。

薛斯特頓大笑了起來：「哈，我真是糊塗！」

薛斯特頓彎下了腰，輕鬆地剝下了一塊白色岩塊，雖然這個白色岩石不像粉筆那麼好用，但是刻畫在黃棕色粗紙上的效果卻出奇的好，這讓薛斯特頓開心極了。

他也從中領悟到：「世界上沒有不可用之物，即使是小小的白色岩塊，也都有其舉足輕重的地位。」

薛斯特頓從隨性的生活態度中到學會珍惜一切事物，經常忽略身邊人事物的你我，不妨仔細品味其中的哲理，周遭的一切一旦錯過了，便很難再找回來。

沒有什麼東西是應該被捨棄的，也沒有任何人事物是我們可以輕視忽略的。萬事萬物只要存在這個世界上，就一定有存在的價值與意義。

只要我們願意多花點心思觀察，能夠多用點時間思考，新的生活感觸與哲思便能從出現腦海中。不必假手他人，我們便能真切地感受到生命的感動和美麗。

最重要的是，那是我們親自體悟出來的，讓我們明白，如何珍惜、把握自己的美麗人生。

只要退一步就能平息事端

有過便坦誠己錯，丟開無謂的面子與逃避心理，才能找到解決的方法。

美國作家肯尼斯・古地在《如何使人變得高尚》一書裡寫道：「如果你能從別人的角度多想想，你就不難找到妥善處理問題的方法。因為，你和別人的思想溝通了，有了彼此理解的基礎。」

彼此了解就能彼此尊重，待人接物之時就會更加圓融。

有人說，忍耐是緩和所有紛爭的最佳解藥，除此之外，我們還可以加上這麼一句：「各退一步是化解對立與仇恨的唯一處方。」

唐朝大將李景讓在任職浙西觀察使時，曾經因為軍法執行過嚴，差點造成軍隊反抗叛變。

當時，面對群情激憤的情況，李景讓竟一籌莫展地枯等事態發展，所幸有李母鄭氏臨危不亂的危機處理，讓這件可能的軍事叛變落幕。

那天，鄭老夫人主動到士兵那兒了解情況，誰知一踏入管制區，便看見士兵們像是滿肚子怨恨般，全瞪著大眼睛，其中一人粗聲粗氣地叫罵著：「哼，那是什麼觀察使！」

　　李母聽見有人批評兒子，便悄悄地走到那個人的身邊，接著和善地問他：「請問，到底發生什麼事了？」

　　士兵一看是老夫人，不好胡亂向她發脾氣，再見到她滿臉誠懇的模樣，情緒也收斂了不少。

　　他對老夫人說：「怪你兒子啊！前些日子李副將當面頂撞他，他竟然命令衛兵用刑杖把他活活打死，所以就引起公憤了。」

　　老夫人十分明白軍中發生兵變的危險，不僅兒子的前程盡毀，還有可能為國家帶來無法預期的災難，於是轉身對士兵們說：「這件事確實是我兒的錯，我一定要他向大家負責，誠心道歉。」

　　於是，她立即命人把李景讓叫來，李景讓慚愧地出現在母親和士兵們的面前，忽然老夫人厲聲命令他：「跪下！」

　　這一聲「跪下」讓士兵們大吃一驚，只見李景讓乖乖地跪下，老夫人則開始大聲斥責兒子的錯誤：「皇上將浙西託付給你，你理應好好地治理這個地方，可是你竟然濫殺無辜，還引起了將士們的不滿，萬一因此發生戰爭動亂，你怎麼對得起浙西的老百姓？怎麼對得起皇上對你的提拔與信任呢？」

　　老夫人這時越說越激動，接著還聲淚俱下：「你才剛上任就發生這樣不光彩的事，叫我怎麼還有臉活下去？你是想活活氣死我嗎？這樣不忠不孝的兒子留著有何用？」

　　說完，老夫人憤怒地命人將李景讓的上衣脫去，手上多了一根藤條，忽地，她開始抽打起李景讓的背部，因為老夫人的力量不小，不一會兒工夫，李景讓的背部便鮮血淋漓。

　　李景讓雖然已傷痕累累，但老夫人的似乎餘怒未消，持續地使勁抽打兒子的背。看著不斷從傷口滲出的鮮血，將士們的怨氣也消失了大半，他們紛紛向老夫人求情：「老夫人，請您原諒李觀察使了。」

聽見士兵們的求情聲，李母手上的籐條緩緩地放了下來，老夫人終於肯饒了兒子。她知道軍中的不滿情緒已經平息，而在士兵們的求情聲中，她相信兒子也有了全新的體會與教訓。

為了彌補兒子的錯誤，也為了收回軍心，老夫人清楚知道：「自己先退一步，然後才能空出進步的空間。」

她毫不留情地怒打兒子，希望能以「坦白己過」的誠意贏回軍心。這沒有什麼絕妙的技巧，只有慈母顧全大局的用心與細心。

從李母救子的智慧中，我們也看見老夫人的訓示：「越危急的時候，我們越要冷靜面對，因為問題始終都要解決。有過便坦誠己錯，丟開無謂的面子與逃避心理，才能找到解決的方法。」

李母沒有多問李景讓怎麼處理軍務，只想先讓兒子退一步，希望他能在後退之後更加看清楚自己進步的路。反觀，還杵在臉皮重要和誰對誰錯中的人們，要不要自己先退一步？

眼前的問題始終要解決，長久處在對立緊張的氣氛中肯定辛苦，我們不妨先退一步，那不僅可以舒緩我們的情緒，還能為我們掙回更多的面子和裡子！

PART 9

此路不通，
就會懂得變通

讓生活多轉個彎，

人生不必有那樣多的執著，

既然前面的路行不通，

那就走向路邊的小徑吧！

相信自己行，你就一定行

與其浪費時間逃避，我們為何不給自己多一點
信心，用積極的態度渡過難關呢？

詩人但丁曾經寫道：「地獄中最熾熱的地方，是為那些面臨艱苦考驗還能不屈不撓的人所準備的。」

其實，折磨和苦難看起來雖然像後娘，但有時卻是慈母，因為，折磨能孕育靈魂和精神的力量，而苦難是專門鍛鍊傲骨的奶娘。從未經歷過任何難題的人，他的生活必定乏善可陳；從未親自解決難題的人，也很難體會到：「原來只需要這麼一點信心，問題就能解決了。」

也許，你現在應該先問問自己：「眼前的問題真的那麼棘手嗎？還是對自己一點信心也沒有呢？」

面對父親交給他的沃爾斯石油公司，年僅二十二歲的彼得希內總裁承受了極大的壓力。要他獨立經營這家紐約第一大石油經銷公司，希內不僅要還清債務，還得面對比他資深的專業員工們，更要面對這個競爭激烈且變動迅速的市場。這一切對個性內向的希內確實是項艱難的考驗。

從接掌公司開始，可憐的希內在兩年內便爆增了一百磅的體

重。導致他肥胖的原因是，每天為了紓壓而抽的三包香煙及兩瓶馬丁尼酒。

對於希內的處境，顧問柯維為他重新規劃經營方向，並提出了一個全面性的建議：「首先，你必須有一個新的訓練計劃，為了讓你對市場與銷售更加了解，你必須重新進修相關事務。接著，你得重組公司結構，因為這些年來，公司的業績與人事確實出現了一些問題。還有，你可以到服務部門中尋找新的石油主顧和新的設備評估員。」

一連串的建議與變革計劃，讓希內一時間又陷入混亂。然而，他始終有成為未來商業鉅子的潛力，堅強的他靜靜地聆聽、反省之後，接著便點了點頭說：「我明白了，進修與重組公司的計劃，我想同時進行，我們現就列出詳細的計劃表吧！」

「果然是個充滿潛力的年輕人！」希內如此積極的行動力，讓柯維非常佩服。

所有變革的第一步幾乎都會遇到阻礙，彼得希內當然也不例外。特別是許多仍不服這個年輕總裁的下屬，不過反對者始終是少數，希內終於靠著他的機智與靈活手腕，一一將阻礙排除。

不用一年的時間，希內便將父親交給他的石油公司，從搖搖欲墜中重新站穩了腳步。如今他的石油銷售網不僅規模擴大，在市場機制與價格上也更懂得掌握了，因為他設計了一套軟體，只要一部電腦就能充分地控制市場的變化與石油價格的變動情況。

靠著周詳的計劃與頑強的毅力，希內雖然花費的時間比預想的還要長，但終於讓公司步入了正軌，其中當然包括他自己。

對於這段辛苦的過程，希內的感想是：「謝謝柯維，沒有他的意見便不會有今天的希內。說不定此刻沃爾斯石油公司也早已關門大吉了。如今，公司的債務已經還清，我們在銀行裡還有四

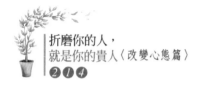
十萬美元的存款呢！」

希內總裁的壓力已經消失了，體重也因此少了一百磅，連煙酒也成功戒掉了，如今他更充滿信心地說：「接下來我們將再收購一家新公司。」

成功的方法確實不多，因為重要關鍵只有一個：「要有面對的信心。」

不管問題多麼困難，最後我們還是得面對並解決它，一味地逃避無法讓問題自動解決或消失。那麼，與其浪費時間逃避，為何不給自己多一點信心，用積極的態度渡過難關呢？

一如故事中的彼得希內，如果不是他重建自己的信心與勇氣，無論柯維給了他多麼詳盡的建議與規劃，沃爾斯石油公司至今仍不能振衰起蔽。

俄國文豪屠格涅夫曾說：「你想成為幸福的人嗎？那麼，你首先必須學會感謝讓你吃苦的人。」

因為，折磨和苦難對於天才是一塊墊腳石，對能幹的人是一筆財富，只有對弱者，才是一個萬丈深淵。

生活正是如此，多一點信心，一點勇氣，我們就能突破萬難，力爭上游。這些不是只有偉人才能做到的事，因為那些超凡的人物，原本也都是和你我一樣平凡無奇的小人物，他們之所以能成就非常事業，也只不過是比我們多一點自信心與毅力而已。明白這一點，你認為自己還有什麼不可能的呢？

從別人的失敗中發現自己的契機

 機會其實一直在我們的身邊，只要你肯花心思觀察，願意比別人付出多一分的努力，你的腳步永遠會超前別人。

有位哲人曾說：「正確的結果，是從大量的錯誤中得出來的；沒有大量的錯誤作台階，也就登不上最後正確結果的高座。」

失敗往往是黎明前的黑暗，只要懂得善用失敗的經驗，黑暗過後，出現在我們眼前的，將會是成功的朝霞。

不要以為別人的失敗不值一提，更不要認為所有失敗的經驗都應該丟到垃圾桶裡。其實，不論「失敗」以什麼樣的角色或狀態出現，都是引領我們邁向成功的重要嚮導。

一九〇五年的某個午後，繁忙的公路上發生了一起嚴重的車禍，現場目擊到兩輛頭尾相撞的汽車，後面一輛輛來不及煞車的車子也緊接著連環撞上，轉眼間公路上呈現一片混亂，碎玻璃、碎金屬片等散落一地。

事故發生後，除了警察立即趕赴現場外，還有一位汽車廠的老闆也連忙趕來，這個人正是汽車大王亨利・福特。

問題是，福特先生為什麼也匆忙趕到呢？

其實，這不是他第一次出現在車禍現場了，因為精明的福特

先生認為：「從車禍後的碎片或殘骸中，我們可以試著找出別家公司的零件特色與製造車體的材料，這些都是我們改進製車品質的參考。」

福特仔細地搜索著每一輛撞壞的汽車，突然，被地上一塊亮晶晶的碎片吸引。碎片來自一輛進口車，他抬頭一看：「是輛法國製的車子，咦？好像是從閥軸上掉下來的碎片！」

乍看之下，這塊碎片並沒有什麼特殊之處，然而它的亮度和硬度卻使福特感到好奇：「這是什麼材質製成的呢？」

福特把碎片撿了起來，悄悄地放進口袋，準備帶回公司好好地研究。一回到公司，福特立即將這塊碎片送到了實驗室，吩咐技師們立即分析這塊碎片：「快看看這塊碎片究竟是用什麼原料製成的！」

報告出來了，在這塊碎片中含有少量的金屬釩。根據研究報告，釩的彈性非常好，不僅韌性強，材質也十分堅實，具有極佳的抗衝擊和抗彎曲功能，耐磨損，也不易斷裂。

「報告！」不久之後，資訊部門送來了一份報告，這是關於各家車商對於釩鋼的使用情況。

原來，釩鋼在美國的使用率並不高，因為在同類型的美國轎車上都沒有發現這種鋼材，福特看完了研究報告十分高興，立即下令研製這個鋼材，結果確實令人滿意。

於是，他立即找尋釩礦場，並且積極解決冶鍊釩鋼技術等難題。「希望這項新技術材料能早日運用在我們的汽車上，如此一來，我們的汽車就能因為這項新發現、新突破，迅速地佔領汽車市場。」

一如福特的期望，他的希望成真了，福特汽車的品質已經取得了大幅度的提升，幾十年後，福特汽車更成為全世界最大的汽

車商之一。後來，福特曾說：「沒有釩鋼的發現，便不會有今天的福特汽車。」

相同的事件發生在你我眼前，會因為個人的專注點不同，也因為個人的觀察力不同，最終也會有不同的感受與啟發。

那些只是輕輕地一眼帶過的人，自然無法看見觀察仔細的人所看見的成功契機。我們可以這麼說，福特從車禍現場中發現釩鋼，並不是偶然，那是他原本就擁有的成功機會。

這場車禍或許帶來了一些人的悲傷，卻也讓未來減少了悲傷。其中的關聯正因為福特發現了「釩鋼」，也因為這個發現，讓福特公司站上了世界舞台，也讓未來汽車有了更進一步的發展。

一如福特在文末的感激，我們可以讀到其中弦外之音：「機會其實一直在我們的身邊，只要你肯花心思觀察，願意比別人付出多一分的努力，你的腳步永遠會超前別人。」

成功確實沒有什麼特殊技巧，只要我們比別人多用點心，細心地多看一眼，踏踏實實地朝著目標前進，絕不取巧，那麼無論我們遇見什麼樣的困境，也一定能從中發現突破困難的出口，以及讓我們超越巔峰的助力。

用他人的成功經驗開發你的潛能

別人的成功經驗是解開我們困境的最好方法，
多聆聽別人的意見，則會讓我們更加積極地發
掘自己的潛能。

從別人的經驗中尋找自己的方法，這是大多數人追求成功時的寫照，很多人也從中發現自己另有潛能。

只要我們能踏實地成就自己未來，即使是從模仿的過程中走來，最終我們都一定能讓別人深刻地認知：「我們知道，你一直都是在扮演你自己！」

當初三洋在開發新型的錄音機時，曾經遇到一個十分棘手的難題｜｜不知道要如何設計新型錄音機的外殼。

當時錄音機的外殼都是木製，而木製外殼的工作流程十分繁雜，其中有許多部份還得靠手工來操作，因此成本很高。正因為成本太高，讓一心想要把錄音機普及化的三洋老闆歲男苦惱不已。於是，歲男下令該年度的第一目標是：「積極找出適當且成本低的替代材料。」

不久，他們發現了一種新的塑化材料，還發現這種材料將隨著石化工業的發展而越趨低廉。最重要的是這種材料可塑性高，經過加熱處理後就能一次定型，所以非常適合量產。

不過，再好的東西也始終都有缺點。他們發現，當時的塑料抗熱性很差，錄音機使用一段時間之後，因為電子管線與變壓器所產生的熱量很高，一旦聚集在外殼上，機殼很容易變形。於是，他們放棄了好不容易找到的新材料，繼續研發耐熱性較強的塑料。

面臨材料不適用，以及當時國內技術上的侷限，研發部門的井植薰向總裁歲男建議：「買一輛克萊斯勒轎車吧！」

歲男聽見井植薰提出這樣的要求，微慍地質問他：「為什麼要買一輛外國車？你想坐嗎？」

井植薰微笑地說：「不是，我是想利用它音箱上的孔罩。」

「那能做什麼？」歲男不解地問。

井植薰滿臉自信地回答：「那個孔罩可以承受車子的熱度，車上收音機設計十分值得參考。我們再這麼閉門造車，恐怕將要花費極長的時間才能有所成就，要是我們有了參考依據，也許成功的時間將大大提前了。」

歲男滿意地點了點頭，也爽快地買下了一輛克萊斯勒，而井植薰在收到車子後，便立即將車上的孔罩拆卸下來。

不久，井植薰果真找到了適合錄音機的塑料，一九五二年三月，三洋公司的第一台塑膠機殼終於問世了。

「進步」其實是指從別人的成功經驗中得到借鏡，獲得新啟發，能夠因此超越並創造記錄，進而提升人類的生活品質。這也正是聰明的井植薰預期的結果。因為他的靈活思考，讓克萊斯勒的小音箱開創了三洋公司非凡的未來，當然，也更進一步提升了人們聽覺享受。

總是以自我為中心的人，看完了故事，是否有了新的啟發，

願意與人分享，也接受他人的意見了呢？

　　沒有人是完人，即使成功者，也是從各式各樣的外在事物中獲得借鏡與參考，進而成就他們斐然的成績。因此，學會「觀察」是許多人邁向成功的第一步；虛心地接受與請教別人的意見，則是成功唯一的橋樑。一如故事中的隱喻：「別人的成功經驗是解開我們困境的最好方法，多聆聽別人的意見，則會讓我們更加積極地發掘自己的潛能。」

　　不必煩惱被人們恥笑模仿，因為那是我們學習的最好方法。不用擔心參考他人意見會失去了自己的主見，因為願意聆聽別人意見，一定知道該如何取捨，更懂得從這些模仿與建議中修正自己的腳步，進而走出自己的路。

有自信，成功就在你手中

成功不該等待別人的肯定，因為不論別人怎麼看待你，最後真正能讓你肯定自己的關鍵人物，還是你自己！

仔細想想每一次失敗的原因，果真是因為你的方法不佳嗎？還是你對自己的信心不夠呢？

當你努力地充實了自己的能力，仔細地找到了成功的方法之後，你心中真正期待的，會是來自別人的肯定歡呼，還是源自於你心底，那個充滿自信的希望號角響起？

這天，剛滿十二歲的戴爾與家人們在墨西哥海灣釣魚。此刻正值傍晚，父親和其他兄弟們迅速地準備好釣具開始釣魚，唯獨小戴爾仍然坐在沙灘上，使勁地擺弄他的釣具。

不久，哥哥還看見他將好幾個釣鉤全掛到釣竿上，忍不住大笑，對他說：「戴爾，你別再胡搞瞎搞了，太陽都快下山了，你快把釣竿拿過來，和我們一塊釣魚吧！」

戴爾的爸爸這時也說：「是啊！孩子，別浪費時間了。」

只見戴爾抬起了小臉，沒有出聲，只搖了搖頭，接著便又低下了頭，繼續重建他的釣竿。

眼看太陽就快下山了，媽媽也發出到了晚飯時間的叮嚀聲，

這時戴爾迅速將他的釣竿遠遠地拋了出去，並將竿子深深地插入了沙土中。

「你肯定要空手而回了！」哥哥說。

戴爾不以為然地回答說：「別急著下定論，等吃完晚飯後就知道了。」

晚飯結束後，戴爾不慌不忙地回到了岸邊，夜幕雖然已經拉下，所幸尚有月光相陪。

家人們陪著他回到了岸邊，當小戴爾拉起了釣竿時，大家忍不住驚呼著：「簡直太神奇了！」

月光照耀下，釣竿上的魚鱗閃耀著無限光芒，這讓小戴爾忍不住驕傲地揚起了頭，母親笑著撫了撫小戴爾的臉龐說：「孩子，你好棒啊！」

他們數了釣竿上的魚獲，竟然比一家人釣獲的數量還多呢！

從此，戴爾最常說的一句話是：「只要你認為這個辦法不錯，不妨試試！」

也因為這樣的自信與執著，戴爾不論從事什麼事業，總是能一鳴驚人，而這當然是讓他成為電腦業鉅子的主因。

不論別人怎麼嘲笑，真正能左右我們未來方向的人，始終是我們自己。只要對自己有信心，最終我們一定能達到心中預期的結果。

勇敢表現自己的小戴爾知道，機會就在他的手中，即使別人不以為然，極力地否定，他仍然堅持：「我有信心，這個辦法一定成功！」

正因為心中充滿了自信與念力，小戴爾實現了心中的夢想。

更因為這一次的成功體驗，讓他的未來時時充滿了自信，即使遇見困難，都能堅持一定可以成功的信念。

一再地受限於別人否定聲音裡的你，是否已經明白故事的寓意了呢？

「成功不該等待別人的肯定，因為不論別人怎麼看待你，最後真正能讓你肯定自己的關鍵人物，還是你自己！」

這是年僅十二歲的小戴爾從釣魚的過程中省悟出的生活智慧，卻也是你我應當仔細體會的人生哲思。

轉個彎就能看見生命的出口

我們無法預知生活會在何處擱淺，但是，在遇上風浪之前，我們可以預先做好準備，讓自己隨時懂得從不同的角度去尋找方法。

路途中少了彎角，便少了許多遊玩的樂趣；人生少了轉彎處，我們便少了許多喘息的時間。

為了增添生活樂趣，也為了讓緊繃的自己有時間喘息，隨時讓思考轉個彎，如此一來，再艱苦的難關也都能安然度過。

從事地質研究的羅伯特，大學時期便是個探尋「神秘洞穴」的高手。當時，他為了幫南伊利諾大學附近的牧場繪製地圖，曾從牧場的亂石堆中，發現一個人跡罕至的洞穴入口。

這天，羅伯特和三個朋友一同進入岩洞中，由於這個入口十分狹窄，四個人只好辛苦地匍匐前進，當然，辛苦付出一定會有收穫，這個通道的盡頭果然是一個地下岩洞。

他們利用手電筒上微弱的燈光，慢慢地深入洞穴的深處，忽然，眼前出現了一個峭壁。

「小心，把身上的繩子垂下去吧！」

只見四個人順著繩子，下滑到十五英呎左右的地上，不過就在他們到達地面後，四個人同時都產生了恐懼的念頭，因為這裡

深不可測，再加上四周一片漆黑，手電筒的燈光又如此微弱，實在很難不令人胡思亂想。

探索了一會兒，他們便決定打道回府了。

於是，四個人來到了繩子垂掛的岩邊，然而當他們伸手捉住繩子時卻發現，岩洞內的濕氣令繩索變得十分溼滑，四個人都無法抓牢繩子。

「怎麼辦？」保羅著急地問。

「唉，我們太著急了，竟忽略了在岩洞裡可能遇見的麻煩，這下該怎麼辦？我們要怎麼出去？」亞當十分自責地說。

這時，羅伯特什麼話也沒說，只靜靜地在這個洞穴地摸索著，但不管多麼仔細地搜尋，仍找不到逃生的新出口。

手電筒的光線越來越弱了，空氣也變得越來越悶，四個人的處境當然也越來越危險了，此時羅伯特提出了他的想法：「是不是我們太執著於目前的方法？如果我們可以換個角度看，也許會想出其他的好方法吧！」

保羅點了點頭，為了節省電源，他先將手電筒關了，就在他關掉電源的同時，羅伯特也發現了散落在地上的一些木筏碎片之間，似乎隱隱地透出了微微的光源，這是他們點亮著手電筒時無法發現的磷光。

此刻，這些微光在黑暗中更顯光亮，四個人也終於想出了逃生方法。他們再次地回到了無法用「手」抓緊的繩索邊，然後將繩子結成一個又一個小圈，接著他們將「腳」攀附在這一個個的繩結上，終於順利地走出洞口，重見天日。

遇見難題，除了要以冷靜的態度面對之外，更要有轉彎思考

的靈活腦袋。就像故事裡深陷黑暗洞穴中的四個年輕人，若不是他們即時換個方向思考，跳脫出慣性的思維，那麼，他們恐怕會因為「雙手」無法抓緊繩子而困於洞穴之中了。

我們都知道，解決問題的方法不會只有一個，但是大多數人還是習慣朝著單一方向去思考，因而方法也總是只有那麼一個。究其原因無他，因為太過保守，也因為對自己太沒有信心。

其實，我們永遠無法預知生活會在何處擱淺，但是，在遇上風浪之前，我們可以預先做好準備，讓自己隨時從不同的角度去尋找方法。

如果眼前遇見的只是被小雨撩撥的幾許漣漪，我們要懂得欣賞漣漪的美麗；如果遇上了驟雨大浪，那麼我們更要知道如何安全逃脫，乘風破浪到達彼岸。

科學始終源自於日常生活

 從羅傑探尋的過程中，我們也發現，無論科技再怎麼進步，生活如何現代化，萬物始終都離不開自然的規範。

你以為地上的鐵軌不足為奇嗎？你知道鐵軌的寬度由何處啟發而得？你知道火箭和馬匹有什麼樣的關聯？

我們都知道，生活原本就充滿了驚奇與想像，因為大自然的活力與美麗，讓人們不斷地從觀察中得到進步。所以，別忽略了生活中的小角落，只要我們用心觀察與想像，這個小角落也許將是開創人類新局的起源。

美國境內的鐵軌寬度皆統一為四呎八吋，一般人都認為這是合適的寬度，但是羅傑對這個標準規定並不認同：「是什麼人規定鐵軌寬度必須定在四呎八吋呢？這真是個莫名其妙的數值！」

經過長時間的研究，羅傑終於有了新發現，而且是個非常有趣的歷史發現。原來，第一批設計美國鐵路的人，是來自市區電軌車的工人，換句話說，他們也自然而然地會以電軌車的思考方式設計鐵道。

其實，這個思考模式也沒錯，因為鐵軌確實可以與電車的軌道設計一樣，無須另外花費心思設計與研究。

那麼，他們為什麼要以這個寬度來設計呢？

有趣的答案終於出爐了，當初興建電軌車道的建商是馬車生產公司，所以，他們很自然地便將馬車的技術、經驗和尺寸，作為鐵道設計的標準。而馬車的寬度則又是以英國國家標準而訂，英國馬車的標準輪距正是四呎八吋，只要不符合規定的馬車絕不能在英國道路上行走。

別以為答案已經解開，這時，羅傑心中又出現了一個問題：「那麼英國馬車的寬度為什麼是這個標準？」

追根究底的羅傑十分辛苦地尋找資料，終於讓他追溯到最初始的原因。

原來是因為羅馬人為了運送帝國內的軍隊至前線，設計出羅馬戰車與暢通的行進公路。只是在急速奔跑的過程中，車身無法閃躲過其他也在公路上行走的馬車，因為輪距的不同，公路上經常發生擦撞意外。於是，羅馬帝國下令全國統一度量衡，馬車則依羅馬軍隊的規定，以四呎八吋的寬度為依據，這也是羅馬戰車的寬度，而這恰恰好是兩馬並排拉車的寬度。

從羅馬帝國到美國，因為後人的盲目繼承，最終羅馬戰車的馬屁股寬度也成了美國航空飛機火箭推助器的直徑。這又怎麼一回事呢？

本來航空公司當初的設計較寬，但是，由於推助器必須靠火車運送至佛羅里達州，首先便須考量翻山越嶺以及通過的山洞大小寬度，最終他們發現，火車隧道只比四呎八吋寬一點點，如果按照當初的設計，火箭恐怕要卡在山洞裡了，因此設計者不得不略作修改，以符合「兩匹馬屁股」的寬度。

　　若不是羅傑的追根究底，我們大概很難猜想到，火箭推助器的直徑與美國鐵道的寬度竟有如此趣味的淵源。

　　因為好奇，也因為打破沙鍋問到底的精神，羅傑不僅增加了自己的知識，也讓更多人了解到：「科技始終來自於人性，科學也始終根源於簡單生活中。」

　　從羅傑探尋的過程中，我們也發現，無論科技再怎麼進步，生活如何現代化，萬物始終都離不開自然的規範。

　　所以，我們會因為看見太陽而充滿生的希望，也會從小舞蝶的身上啟發生命的可貴，更知道從魚兒的身上發現科技的新研發方向，這些都是生活的基礎，卻也是讓人類更進一步的天然力量，是大自然無私的幫助。

　　所以，當我們從自然身上獲得了生活進步與快樂享受時，也該像羅傑一樣帶著感激與執著的態度，找出一切生活的本源，並且認真地珍惜、尊重眼前我們所擁有的一切。

不要讓生活只有單一色彩

創造機會的方法很多，其中又以能靈活變化的
生意頭腦，才是創業者最重要的成功關鍵。

戲法人人會變，只是巧妙各有不同。

有人千變萬變，總離不開既定的模式，有人卻能讓相同的東西變化為與眾不同的新品，這其中要訣便在於面對問題的人是否有靈活變化的創意。

屋頂瓦片經營者彼得，在事業巔峰時期，手上約有二十一家分公司。

當時，他們設計出來的屋頂瓦片顏色十分多元。不過，有一段時間只流行淺色系的瓦片，因為屋頂的色彩淡一點，可以避免太陽光過度照射，也因為人們的需求非常接近，二十一家分公司庫存約三十種不同色彩的瓦片中，約有二十幾種根本用不著。

「太浪費了，這個情況要增加各店的成本負擔，應該再想想其他辦法。」彼得視察完各家分店後對助理這麼說。

回到辦公室，彼得看著窗外的藍天，認真地想著：「還有什麼樣的新色彩可以調配呢？」

彼得呆呆地望著窗外，忽然，腦海裡躍過一個構想，立即拿

出了紙筆，仔細地彩繪著。

「這叫作魚肚白混合色！」彼得對助理說。

以天邊拂曉的青灰色為底，並且混合了紅、綠與灰色的小斑點，成品出來後，色彩雖然簡單卻十分吸引人。很快地，這個新瓦片便佔領了市場，該公司約有百分之九十的業績全來自這片「魚肚白混合瓦」。

因為這個混合色不易顯現出屋頂髒污，更不怕灰塵與雨點的沾染，十分受到消費者的肯定。再者，顧客選色時的猶豫時間也變少了，因為有這個混合色可以參考，間接地幫助了顧客們迅速且有效地發現自己的偏好。

除了顧客們的好評與喜好外，行銷人員的訓練當然也少不得，為了讓新品積極成為顧客們的「唯一選擇」，彼得在訓練員工時這麼教導：「看完了您的屋頂與整體感覺，我認為，這個顏色是你最好的選擇。」

以專業的自信說服顧客，是一種相當成功的心理暗示，那不僅能讓顧客們接納意見，更能因為信任而樂於接受。

先以質取勝，然後才能以量制價。

在大量進貨後，因為成本低而能直接回饋給顧客，薄利多銷，讓彼得的公司再創佳績。

創造機會的方法很多，其中又以能靈活變化的生意頭腦，才是創業者最重要的成功關鍵。

就像這則故事，若不是彼得及時跳開傳統思維，不再被慣性的色彩所圍限，恐怕很難有如此亮眼的成就。

換個角度思考，如果今天在你手上也有一塊瓦片，你會選擇

簡單統一的紅瓦，還是另外設計自己心目中希望的色彩？

　　故事中，聰明的彼得專心地經營事業，也悄悄地透露出成功的技巧：「生命是圓的，創意的玩法也有許多種，我們不必離開這個軸心，只須讓這個圓變得更大，讓機會的直徑寬度隨著你無限的想像力活潑伸展。」

　　於是，我們看見彼得在同一個瓦片上變化出無限商機，也看見只要肯多花點心思，我們也能彩繪出自己的天空。

此路不通，就會懂得變通

讓生活多轉個彎，人生不必有那樣多的執著，既然前面的路行不通，那就走向路邊的小徑吧！

拍照時，你總是努力地睜大雙眼等待倒數三秒，最後卻還是忍不住眨眼了嗎？要不要換個方法，先閉上雙眼，然後靜靜地等待最後一秒聲響時，再睜大清楚、明亮的雙眼，凝視等待你許久的完美鏡頭！

誰說人生一定要先張大雙眼到再閉目？先閉目養神，然後再睜大眼欣賞人生，也許反而能擁有新視野呢！

路，你想怎麼走都行！只要目標確定，拐個彎又何妨？

今天攝影棚裡來了一群老人家，準備拍一張大合照。

看著一個個滿臉皺紋的面容，攝影師心中有些感動，只是感動歸感動，現實的情況總是會讓人幻想破滅。

因為，正式開始拍照時，屬於「充滿皺紋」一族的症狀紛紛出籠，許多小問題讓攝影師足足折騰了快一個小時，仍無法完美交差。

每當攝影師調度好每一個人的角度和狀況後，倒數到最後一秒，閃光燈一亮，幾十個人幾乎是輪流搞怪似地，有人張大了嘴

打呵欠，有人則忍不住閉上了眼睛，甚至還有人以為結束了，忽然站起來伸懶腰。

還有人抗議說：「攝影先生，我眼睛睜了那麼久你不拍，偏偏等我累到不行時才拍，這張不行啦！我剛剛閉上了眼睛，一定要重拍！」

當然要重拍了，因為這也是攝影師的專業要求，只是無論他喊了多少次「一、二、三」，大家堅持了半天，還是恰巧在第「三」字時把持不住，忍不住又閉上了眼。

無可奈何之餘，攝影師停下了工作，讓老人家們休息一會，自己則回到辦公室裡想辦法：「再這麼耗下去，不知道要拖到什麼時候，要怎麼樣才能讓他們不閉眼呢？」

想著想著，攝影師看到桌上擺著一張小娃娃緊閉雙眼的小卡，忽然喊了一聲：「有了！」

「來來來，大家再坐好啊！現在你們先閉上雙眼，等我數到『三』時，你們一起張大眼睛看著我，好不好！」攝影師自信地教導著他們。

老人家們聽了，全閉上了雙眼，跟著大聲地回應：「好！」

「一、二、三……好，！你們太棒了！」攝影師開心地讚美了一聲。

照片沖洗出來了，果然全都神采奕奕地瞪大了雙眼，這也讓鏡頭裡的人顯得更加精神、年輕了。

這是一篇充滿有趣畫面的小故事，試著想像老人家們可愛的容顏，為了捕捉他們充滿生命力的一剎那，攝影師費盡心思地想捉住這最重要的一刻。然而，其中的過程卻又像歷經艱辛的老人

家的一生，睜眼、呵欠與伸懶腰，無法順暢渡過人生的寓意，隱隱地在這個拍攝過程中出現。

那或者也是老人們想與攝影師分享的生命感悟，簡單逗趣的故事卻蘊涵著如此深刻的弦外之音，不知道你是否也聆聽到了？

秒數倒數，從闔眼到張大雙眼，攝影師從老人家們的身上確實學習到了人生的新體悟：「讓生活多轉個彎，人生不必有那樣多的執著，既然前面的路行不通，那就走向路邊的小徑吧！勇敢地踏入羊腸小徑，因為你可以用自己的雙手，重新開拓一條新的人生道路。」

PART 10

困厄是爲了
讓你有新的開始

人生難免會有困厄與挫敗的時候，

但是我知道，只要不放棄希望，

一定能走出困境。

困厄是為了讓你有新的開始

人生難免會有困厄與挫敗的時候，但是我知道，只要不放棄希望，一定能走出困境。

別害怕困難，因為厄運比好運更為珍貴難得。

聰明的人都知道，為了有更好的新開始，應當樂於迎接每一個困難的挑戰。

因為，困厄的出現正代表著轉機：「現在是你改變未來的最佳時機，想讓生活有一個全新的開始，你應該好好把握這個難關，在這個關卡上，你可以很清楚地看見人生的下一步路，做出更正確的選擇。」

一九二四年的夏天，烈日像一把火般隨時都要點燃大地，此時美國一間家具製造廠發生火災。

只見尼科爾斯家具廠一瞬間陷入火海，而尼科爾斯卻只能站在一旁，眼睜睜地看見全部家當被一把無情火燒得精光，包括剛完成且即將交貨的家具。

在消防員努力撲滅下大火終於熄了。雖然無人傷亡，但眼前一片狼藉，景象卻仍十分怵目驚心，大火毫不留情地帶走了一切財產。

「怎麼辦？」尼科爾斯難過地呆立在殘破的家園前。

忽然，尼科爾斯發現在一片焦黑的財物中，有一件很特別的東西，那是一片被燒焦的松木。

沒有被燒成灰燼的松木片，反而展現出新的生命氣息，有著獨特的形狀與新成的漂亮木紋，這新奇的發現令原本心情跌入谷底的尼科爾斯精神為之一振。

這場大火並沒有燒掉尼科爾斯未來的夢想，相反的，他卻從這把火中找到了全新的靈感，他發現了焦松木，也發覺了生命的轉機。

他小心翼翼地將焦松木帶回工作室，用碎玻璃片輕輕削去沉灰，接著再用沙紙打磨光滑，最末再塗上一層漆。

「就是它了！」

尼科爾斯開心地望著這片閃著光澤的紅松紋路，透著溫暖色澤的木紋相當吸引人，看過的人也都非常喜愛，當場便有人向他訂購。於是，尼科爾斯立即研究製作仿木紋家具，就這樣，仿木紋家具誕生了，大量訂單讓尼科爾斯在很短的時間內重建事業，而且生意還更甚以往。

故事中的尼科爾斯果真像是浴火重生一般，當他從灰燼中走出來時，相信你也看見了他燦爛的未來。

這樣精采的生命光芒，任何人都可以展現，只要我們也能給自己這樣的信念：「人生難免會有困厄與挫敗的時候，但是我知道，只要不放棄希望，一定能走出困境。」

正是因為這樣的信念，所以我們能看見，被火燒毀一切也從餘燼中找回一切的尼科爾斯化危機為轉機，不僅讓家具產業有了

新的未來，更為自己的人生找到了新的方向。

也正處於困厄與失敗中的你，是否也從中找到了新的人生方向了呢？

故事中蘊含的深刻省思，也提供了我們極寬廣的人生觀。人生中突如其來的遭遇，無論是難題還是厄運，若不希望它們成了難以承受的包袱，我們便要冷靜面對。

不要被情緒牽制才不致於迷失方向，只要方向明確，我們的路不僅可以繼續，而且會越走越平坦。

不要用藉口阻擋你前進的腳步

 別以為你的機會很多，更不要以為你的時間還很多，一旦習慣了放棄，生命中所有的機會與時間都將消失無蹤。

法國文豪羅曼羅蘭說：「跟生活的粗暴無情打交道，碰釘子、受侮辱，自己也不得不狠下心來鬥爭，這是好事，使人生氣勃勃的好事。」

生活必須不斷地往前看。你可以因為疲累而停下腳步休息片刻，或偶爾回頭看昨天的失誤以避免重蹈，卻絕對不能尋找退縮的藉口，使得前功盡棄。

這天，美國心理學家考克斯正和朋友約翰一起乘坐著熱汽球橫越賽倫吉提大平原。

望著原野上的大象、羚羊群與獅子在平原上奔跑，考克斯忍不住讚嘆：「哇，沒想到羚羊群的數量這麼大！」

這時，非洲導遊卻說：「不過，這個物種很快就會滅絕。」

考克斯聽見導遊這麼說，吃驚地問：「怎麼會？」

導遊指著地面一隻停止奔跑的羚羊說：「你看，那幾隻羚羊跑不了多遠就停下來了，你知道牠們停下來的原因嗎？那可不是因為牠們有什麼重要的事情要做，更不是因為牠們累了，那是因

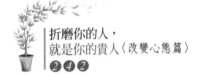

為牠們太愚蠢了。」

「愚蠢？」導遊這個答案讓約翰也忍不住疑惑。

「沒錯，就是愚蠢。牠們停下來的原因是，牠們這時候已經忘了當初奔跑的原因。你別看牠們一發現天敵便會本能地逃開，好像很聰明地往反方向逃命，其實，牠們跑了一段時間之後，就會忘記當初促使牠們奔跑的原因了。還有，牠們還經常在很不適當的時候停下來。你知道嗎？我還曾經看見牠們居然停在敵人的旁邊呢！」

「總之，牠們一點也不聰明，而且隨時都面臨著被消滅的危機呢！」導遊說完又補了一句。

考克斯仔細地聽著，好奇地看著地面上的羚羊，思索著：「原來如此，沒想到羚羊的思維竟是這樣簡單。不過，我們不也經常誤入這樣的思維中嗎？在商場上，人們的行動不也如此。本來想到了絕佳的點子，接著便努力地訂立了目標，然而，許多人為了這個目標僅僅努力了一兩天的時間，之後便停下腳步給了自己諸多藉口，我們最常聽見的都是：『這太難了，比我想像的還要難！』一旦難字現身，他們便像羚羊一般，忘了當初努力奔跑的目的，更忘了繼續奔跑的決心，唉，難怪牠們瀕臨滅絕呢！」

考克斯認真地思索著「羚羊的思維」，也發現了「忘了當初奔跑的決心，所以失去了追逐的夢想目標」的簡單因果關係。

經常放棄前進的人，腦子裡其實盡是些空洞的想法，即使高唱著夢想，我們也不難發現他們的不切實際。

考克斯藉著羚羊告訴我們：「別以為你的機會很多，更不要以為你的時間還很多，一旦習慣了放棄，生命中所有的機會與時

間都將消失無蹤。」

　　你的下一個步伐是否又停在半空中了呢？就像考克斯的提醒，別以為腳步停住了，時間也會跟著停住，更別以為腳步沒有踏下機會就會等你，其實時間和機會從不等人，一旦你錯失它們，便很難再挽回了。

　　積極行動是生活的重要原則，認真面對是生活應有的態度。用心、認真與積極是生命的不二法門，也是我們避免掉入羚羊思維裡最好的防護，而勇氣、決心和不放棄則是生存的法則。只要能謹守這些方向，人生之路將是一條康莊大道，將能永續發展。

用微笑解決生活中每一道難題

> 生活不該老是要求別人，因為我們最難控制的
> 是自己。情緒的主控權其實一直都在我們的手
> 上。

別再繃著臉面對問題了！靜靜地思考一下，生活中，多一點情緒，我們便少了一點快樂的時光，少點情緒發作，我們歡笑的時間便多了一些。

還是多用微笑解決自己遇到的問題吧！畢竟繃著臉辛苦過日的人，始終品嚐不到生活的甜美滋味！

今天是貝琪與老公馬克蜜月旅行的第三天，他們一直到深夜時分才回到預訂的旅館。因為找不到泊車的服務人員，馬克只好請櫃台人員幫忙：「麻煩您將車子停放至停車場，並且將我們的行李拿到房間裡，謝謝。」

櫃台人員點頭答應後，馬克和貝琪便回房休息去了。

「咦？都過了一個鐘頭，行李怎麼還沒送來？他們的服務真差！」等著替換衣物的貝琪忍不住抱怨著。

馬克也滿臉不悅，立即下樓到櫃台查詢，沒想到，這一問更令他火大了：「什麼，你說剛剛在櫃台的人不是服務人員？那他是誰？我的行李呢？你們又跑到哪兒去了？為什麼讓陌生人為我

們服務呢？」

　　一聽見行李被騙走了，一想到信用卡、護照和已經簽名的旅行支票和整整兩週的蜜月旅行計劃恐怕要泡湯了，馬克的情緒立即飆高：「不行，你們立刻找回我的行李！」

　　「到底發生了什麼事呢？」貝琪看見老公久久沒有回房，忍不住好奇，於是下樓察看。

　　聽完老公的敘述，貝琪的情緒也變差了，繃著臉看了看老公和服務生，口氣極差地說：「怎麼辦？我好不容易安排這麼多天的假期，如果我們剛剛再多等一會兒就好了！」

　　「什麼？誰叫妳一直喊累呢！」馬克責怪著貝琪。

　　貝琪聽見馬克把問題歸咎於她，十分不悅地說：「我說自己拿行李就好了，你偏偏要叫服務員拿上來，哼！」

　　一段爭執之後，兩個人繃著臉全把頭別了過去。這時，櫃台後的服務人員尷尬地說：「對不起，是我們不對！一切損失我們會負起責任，你們不妨先回房休息一下，等我和主管討論完畢後再通知你們。」

　　聽見服務人員把責任一肩擔起，馬克這時才回過神，認真地想：「事情總要解決，生悶氣也沒有用啊！發生這種事情，誰也不願意吧！」

　　事情想通了，馬克忍不住看了老婆一眼，也想到剛剛將行李失竊和老婆連在一塊兒的情況，忍不住向貝琪說：「老婆，對不起。」

　　聽見馬克的道歉聲，貝琪溫柔地回望了馬克一眼，接著上前擁抱著老公說：「算了，事情都已經發生了，我們先把問題解決，讓損失減到最小，然後再想法子玩囉！」

　　馬克點了點頭，笑著說：「好！」

用情緒面對問題是多數人的習慣，然而它也是讓問題越變越麻煩的主因，如果故事中的主角馬克和貝琪一直在氣頭上，始終只會用情緒來解決，最後的結局恐怕無法這麼圓滿快樂。

　　生活不該老是要求別人，因為我們最難控制的是自己。情緒的主控權其實一直都在我們的手上，要怎麼恢復和樂氣氛，又要如何讓問題輕鬆解決，只需要我們的一個轉念，想到：「事情都已經發生了，不如用輕鬆一點的情緒來面對吧！事情終究要解決，不如用冷靜的情緒來處理吧！」

　　生活本來就會有許多突發事件，這都是磨練與豐富生活的絕妙經歷。別老是怪罪老天爺在惡意整人，換個角度想想，那其實是訓練我們操控情緒的最佳機會，更是學會掌握自己的最好方法，不是嗎？

沒有人應該當個永遠的失敗者

困難是生活的一部份，只要我們能用平常心面對，每一個困難都將是豐富我們人生的重要伙伴。

成功與失敗其實只在一念之間。有人會將挫折視為累積成功的第一步，因此無論遇到多少挫敗與困難，從來都不覺得自己是個失敗者。

所以，你不應當認為自己是個失敗者，也沒有人能認定你永遠是個失敗者。成功與失敗的結果全掌握在你手中，只要把腳步站穩，勇敢前進，再強勁的風雨你都能走過。

阿根廷足球明星馬拉度納從小便喜愛足球。每天一賣完擔在肩上的小鐵桶後，他便會趕到巷子裡和自組的小足球隊成員們練習踢球。

在無比的興趣與熱情支持下，馬拉度納幾乎是風雨無阻。非常努力練球的他，球藝進展得比任何人都快，因此十五歲時便被阿根廷球隊相中，力邀他成為阿根廷足球青年隊的一員。

這天，蒙特斯教練告訴球員們：「再過幾天，你們將迎戰塔賽雷斯隊，請務必全力以赴。」

馬拉度納一聽見即將迎戰的是素有雄獅之稱的塔賽雷斯隊，

雙眸立即現出光芒，緊握著雙拳對自己說：「好，我一定會全力以赴，為自己贏得一份價值非凡的十六歲生日禮物。」

比賽的日子到了，蒙特斯教練將一套印有十六號字樣的運動衣交給馬拉度納，看著「十六」這個數字，馬拉度納情緒有些激動：「是巧合嗎？還是教練故意安排的呢？」

因為十六歲生日在即，這個巧合讓馬拉度納更加重視這場重要球賽，而且有著非贏不可的決心。

但或許是期望過高以致於壓力過大，馬拉度納踢得並不理想。雖然他一心想破門立功，可是反而一球未進。最後在隊友卡希雷拉力助下，好不容易阿根廷隊踢進了一球，最終以一比零獲勝。

面對如此糟糕的表現，馬拉度納心情非常鬱悶。生日這天一回到家，父親看見他滿臉愁容，便安慰他說：「孩子，你已經是個大人了，別再耍小孩子脾氣了，記得吸取今天的教訓，以後好好地踢球啊！」

聰明的馬拉度納聽見父親的教訓後，揚起了頭，認真地對父親說：「是的，父親您說的沒錯，我還有許多事情要學，尤其是射門的準確性！」

沒有忘記兒子生日的父親，撫摸著兒子的頭說：「這就對了，這個教訓是你十六歲生日的最佳禮物！」

每天我們都會遇到不順心的事，即使企圖心強、信心十足，也不見得事事成功。只要明白這一點，我們便能像馬拉度納一樣，知道從錯誤中修正腳步，積極地邁向成功之路。

生活中所有的遭遇都很平常，即使是困難與挫折也都是日常生活的一部份，它們是隨時陪伴身邊的朋友，隨時都提供我們面

對生活的方法，更經常引導我們修正人生的方向。

　　只要我們能用平常心面對，每一個困難都將是豐富我們人生的重要伙伴。

　　球賽不會只有一場，我們遇見失敗的機會也不會只有一次。所以，馬拉度納的父親也提醒了我們：「吸取教訓是人生中最重要的事。不要用愁容面對挫敗，因為每一個失敗都有因果，如果你決心追求成功，便應該知道如何用笑容面對失敗找出原因，等待下一次反敗為勝的機會。」

第一次成功經驗不一定永久受用

如果我們不能從失敗中記取教訓，也不知道從
成功中學習反省，那麼成功之於你，只是另一
個失敗的起點。

英國哲學家羅素曾說：「除非一個人曾經學習過在獲得成功
之後如何對待成功，否則，成功將會使他成為失敗的犧牲者。」

成功的滋味是美好的，但如果滿足於眼前的一切，不想精益
求精，最後恐怕會讓人失去原有的一切。

在每一次成功演出之後，我們可以做的不只是慶功宴，還有
誠實面對自己，反省今天的演出是否有缺漏，思考明天的演出是
否能比今天更好。

只要你願意在每一次演出之後，謙虛地檢討自己的表現，那
麼成功對你來說不僅是輕而易舉的事，即使失敗了，也將會是邁
向成功的步驟之一。

有個學生帶著哭喪的臉來到巴甫洛夫面前，哀怨地向老師訴
說：「老師，我完蛋了，這次最重要的動物實驗我失敗了！」

巴甫洛夫拍著學生的肩膀說：「沒關係！」

學生用力地搖著頭：「不對，不對，上次實驗明明就非常順
利啊！」

巴甫洛夫嘆了口氣，對這位學生說道：「唉，從上一次實驗成功之後，你就一直自恃當時的成功經驗，還不斷地表現出當時成功的神氣，難怪你這一次要失敗了。」

學生不解地問：「老師，難道您發表第一篇科學論文，獲得眾人讚揚之時，一點也不高興嗎？」

巴甫洛夫回想著說：「高興？嗯，與其說是高興，不如說心情沉重，因為當時我腦海裡出現了：『在科學的崎嶇道路上，想要取得成功，即使只前進幾步，也不是件容易的事！』你是否也這麼想？」

學生聽見老師的反問，說：「老師，您當時一定想很多吧！」

巴甫洛夫語重心長地說：「是的，在成功之前首先應該想到的是得到成功必須歷經挫折和教訓，而不該是成功後的讚揚和榮譽，這對你們來說可是十分重要的思考方向。」

學生聽見老師的教誨，慚愧地低下了頭，從此，努力地克制自己的驕氣，勤奮向上。幾年後，他終於成為一名成績斐然的科學家。

仔細反省故事中巴甫洛夫的話語，我們不難發現，成功經驗有時也會是造成失敗的原因，如果我們不能從失敗中記取教訓，也不知道從成功中學習反省，那麼成功只是另一個失敗的起點，一如故事中的學生。

所以，巴甫洛夫在文中點出失敗與成功的因果關係：「有失敗便有成功，相對的，成功之後也有可能遭遇失敗的機會。所以，希望是前者的人便要記取教訓；不希望演變成後者的人則更要記得，一次成功不代表從此都能成就非凡，希望永久擁有成功，便

要永遠保持謙卑的學習態度。」

也就是說，以為一次成功經驗便代表往後每一次實踐都會成功的人，面臨失敗的機率，恐怕會比事事順心的機會還高。

真正的成功者都明白「勝不驕，敗不餒」的道理，那不只是古人最常耳提面命的話，更是因為他們都曾歷經成功與失敗，深深地體會到失敗時振作的方法。他們也深刻地體悟到，成功時應保有謙卑的態度，才是踏實擁有成功的唯一方法。

親身體驗後才有說服力

 只有「親力親為」才能讓我們的說詞更具說服力，有了親身的體驗與實踐，我們才會比別人更清楚問題所在與計劃的可行性。

即使書面資料再齊全，沒有親自體驗的結論，還是很難說服他人認同。

因為，沒有身體力行，我們根本不知道眼前的路是否走偏了；不能親自實踐，我們很難看清楚哪一條路行不通，更無法正確選出哪一條才是朝向成功終點的最佳途徑。

這天，巴甫洛夫的一位學生興奮地對他說：「老師，經過一段時間的實驗，我發現動物們經過長時間飢餓之後，消化道內仍然會有消化液流入。」

但是，巴甫洛夫卻皺著眉否定：「不可能！」

聽見老師的否定，這名學生十分不服氣，回到實驗室之後決定進一步深入研究。最後，他帶著實驗的數據記錄和圖像曲線來找老師。

「這真是令人難以置信，我會親自實驗一下，畢竟沒有足夠令人信服的證據時，我確實無法了解這種分泌的意義，對不起，在這種情況下我實在無法認同你的觀點。」巴甫洛夫解釋。

　　學生只好留下自己的實驗結果離開了，而為了檢驗這個學生的實驗結果，巴甫洛夫在餓了一天的小狗面前坐了一個晝夜，甚至連他自己也沒有進食，最後他得到的數據和曲線，果然和學生的實驗結果一模一樣。

　　到了天亮時分，這個學生又來了，巴甫洛夫這會兒滿臉興奮地說：「你是對的！恭喜你！你確實發現了一個非常重要的結果，這個結論你可以用到博士論文裡。」

　　習慣用實例來教學的巴甫洛夫，從不用理論教人，講課時不喜歡照本宣科，最常要求學生要多用腦子思考，力求從科學實驗中發現真相。

　　每次上第一堂課，巴甫洛夫便會教育學生：「你們絕對不能相信那些不可靠的印象和臆測！」

　　巴甫洛夫非常堅持：「無論科學實驗有多辛苦，你們一定要堅持到底！你們要仔細求證、對比證明、積累證明，就像鳥的翅膀一般，無論牠的雙翅結構怎麼完美，若是沒有空氣的支持，牠始終無法振翅高飛，其中的關鍵就在科學家們發現的空氣。沒有實驗證明事實，你就永遠無法飛得起來，沒有求證，那麼你的『理論』只是個空想。」

　　「道聽途說不如親眼目睹，紙上談兵不如下場作戰」，這是大師巴甫洛夫故事中的宗旨。這不只是對從事科學研究的人來說十分重要，對於生活在各個不同領域中的人也一樣，因為這是十分重要的生活態度。

　　只有「親力親為」才能讓我們的說詞更具說服力，有了親身的體驗與實踐，我們才會比別人更清楚問題所在與計劃的可行性，

當然也更加明白想像與行動之間的落差。

　　仔細想想，人生中最真切的情感從來都不是從別人身上分享而得，那些最難忘的回憶，不都是我們親自體驗到的嗎？

　　從這個思考角度，我們可以進一步延伸：「不要讓理想成為空想，積極行動才是落實夢想的不二法門。畢竟，聽見別人成功的歡呼聲，始終不如我們親自擁抱成功來得快樂！」

有自己的思路，才有寬廣的出路

「人云亦云」是相當危險的，因為這不僅會削弱我們的判斷力，更容易掩蓋我們自身的潛能。

　　深思熟慮後的答案沒有絕對的對錯，也不是唯一的，因為思考的真正目的不在於最後結論，而是在思考過程。

　　因為，在思考激盪的過程中，我們的思路將越走來越寬，明天的方向也會越來越清明。

　　所以，我們不妨大膽地提出異議，認真地提出自己獨到的見解，如此我們才能擁有更寬廣的思路與深具遠見的未來。

　　亞里斯多德跟隨柏拉圖期間，學習了數學、修辭學、辯證法等諸多學科，在他早期的著作中處處都流露著對柏拉圖的崇拜之情，為了支持自己的老師，他還曾經批評過蘇格拉底。

　　對這個時期的亞里斯多德來說：「老師即是真理，愛柏拉圖便是愛真理。」

　　不過，勤於思考的亞里斯多德在不斷地學習過程中，智慧也慢慢地開啟了，他發現：「愛一個人並不意味著盲目崇拜他。」

　　閱歷加深之後，亞里斯多德更明白：「反對和贊同一樣，都是表達愛師之情的最好方式。」

　　於是，亞里斯多德越來越懂得獨立思考，對於老師的論述不再一味地點頭說「好」，對於自己並不認同的說法，亞里斯多德也開始毫不留情地表示否定與不認同的意見。

　　例如，當他聽見柏拉圖提到「善」的論述時，便做出了這樣的評論：「如果人們在這裡聽見了關於善的演講後，他們恐怕會大惑不解！」

　　又如，在抽象理念與具體事物的觀點上，柏拉圖堅持任何事物都有其各自的理念與存在目的，一如在具象的房屋之外，還存在著抽象房屋的理念。但亞里斯多德對此卻反駁說：「世界上存在著多種具體的房屋，沒有所謂的房屋理念，如果真如老師所說的那樣，那麼已被否定的東西或是有著生滅關係的事物之間，不就可以再追溯出新的理論嗎？這不是太荒謬了？」

　　柏拉圖努力地從反對的觀點中求同存異，雖然亞里斯多德總是會有新的意見出來，雖然學生經常反駁他的理論，但在柏拉圖所著的《智者》篇章中的蘇格拉底似乎和亞里斯多德是同一個模子刻出來的。或許，柏拉圖在亞里斯多德身上也看見了老師蘇格拉底的身影吧！

　　故事中蘊涵的意義相當深遠，我們可以從亞里斯多德的身上得到啟發：「沒有人是同一個模子印出來的，無論我們的思想或觀念多麼相近，仍然會有不同之處，這些差異是必然的，也是必須的。」

　　我們看見了亞里斯多德成熟後的轉變，特別是當他和柏拉圖的思考出現差異時，我們也看見了人的獨特性。

　　因為思考出現差異，所以有了爭論與反詰，這些都是推動我

們自身發展的重要關鍵。若不具獨立思考能力，或許亞里斯多德和柏拉圖也不會有今天的地位，他們的理論和才華也恐怕很難被突顯出來吧！

那麼，你的獨特性是什麼呢？

「人云亦云」是相當危險的，因為這不僅會削弱我們的判斷力，更容易掩蓋我們自身的潛能。

勇敢地提出你心中的質疑

凡事平常心面對，生活多用進取心，只要勇於
質疑且小心求證，不管你是世界第一流人物還
是第四流人物，都是世上不可或缺！

「大膽懷疑，積極求證」，是科學家達爾文秉持的研究態度，
也是督促自己的人生觀。只要我們有著同樣的態度勇於面對生活
中的一切，也知道如何激勵自己，你認為未來有多少可能？

達爾文一生中最尊重的兩位導師是漢斯羅與賴爾，雖然他非
常推崇這兩位導師，但這卻不妨礙他對於獨立思考的堅持。

有一次，漢斯羅對於藤類植物的生長情況做出結論：「它們
本身具有一種盤旋生長的自然傾向。」

不過，達爾文對此卻提出了相反的意見：「根據我在花房中
針對藤類與長鬚類植物的研究觀察，我發現它們的生長運動其實
是對生活環境的適應，它們會選擇陽光與空氣較充足的一面，因
為那有利於它們的生存與生長。」

又當賴爾對於珊瑚礁的形成而提出火山口理論時，儘管大多
數人相信賴爾，但是達爾文卻仍然有異議，他根據自己的觀察提
出了疑問：「我發現事實不像賴爾所說的。我們發現珊瑚礁的形
成與火山並沒有必然的聯繫，它其實是一種珊瑚蟲長年累月築成

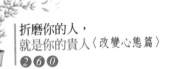

的結果。」

虛懷若谷的達爾文，從不以偉人自居，據說，每當有人藉由貶抑別人以吹捧他時，他經常直率地斥責：「對不起，我反對你在我身上添加那些偉人才配得上的讚美之詞，因為我認為，除了你嘴裡的第一流人物之外，那些第二、第三或是第四流人物也極為重要，至少在科學家方面是如此。」

越來越權威的達爾文，並沒有因為自己的成就地位而變得保守，他仍然以學習的心態不斷地提出質疑，並且不斷地親自證實自己所提出的論點。

當他讀到剛出版不久的《血緣婚姻關係》一書中，作者引用比利時一名學者發表的近親兔子交配實驗，並指出近親交配後不會有任何問題時，立即直接向那位學者詢問實驗的真實性，與他個人的見解。很快地，他便得到了回應，那是一封道歉信，上頭寫著：「對不起，其實這份實驗報告是偽造的。」

你認為自己有多大的可能，以為自己有多重要？

其實，不管我們怎麼想，都要記得達爾文的教訓：「凡事平常心面對，生活多用進取心，只要勇於質疑且小心求證，不管你是世界第一流人物還是第四流人物，都是世上不可或缺！」

沒有人可以取代我們的位置，真正懂你的人也是你自己。我們不能妄自菲薄，當然更不能自傲自滿，畢竟人類生存的最終目的不在於功名利祿，而在於如何讓未來更加進步、美好。

積極求證與勇敢懷疑的科學精神，讓達爾文帶領著人們走向未知的新領域。本著謙沖的學者風範踏實地研究，他啟發了人們多元的想像力，也為這個世界締造無限可能。

堅定理想，
朝著夢想飛翔

人生只有一次，

勇敢去做真正的自己，

當你找到了自己的理想，

就放手去做吧。

有想法，也要有做法

不用在意別人如何看你，更無須擔心自己的思想有多奇異，人生最大的喜悅莫過於完成人們認為你辦不到的事。

人類的生活之所以會不斷進步，是因為人類具有一種創造性的思考能力。

許多藝術品、科學發明等成就，不僅是出於個人天賦，更多是源自於想像。「發明」之所以讓人嘆為觀止，不敢置信，就是因為它們蘊涵著不同於常理的想法，以及劍及履及的做法，才會有不凡的成就。

狄摩西尼曾說：「沒有做法的想法，只是廉價和空洞的想法。」

不論你有多麼了不起的想法，如果缺乏實際的做法努力將它實現，那麼這種「想法」，充其量只是毫無任何價值的空想。

一個人如果想要成功，除了要擁有別人沒有的想法之外，最重要的是必須具備將想法付諸實現的做法。

電視機對現代人而言，只是一件再平常不過的家電用品。然而，當你正享受這個生活中不可缺少的娛樂來源時，可曾想過，電視機的發明是來自於一個中學生的想像。

費羅‧法恩斯沃斯出生於一九〇六年，三歲時就可以畫出火車頭內部的機械圖；六歲時便宣佈要追隨愛迪生和貝爾的足跡；十四歲那年，在田中幫忙父親耕作的他，從田埂的排列得到電視機雛型的靈感。

十六歲那年，費羅某次上課時，在黑板上畫出一幅奇怪的草圖，老師問他在畫些什麼，他指著草圖說，將來他要發明一個能藉著空氣來傳送影像的機器，老師當場聽得目瞪口呆。

即使當時已有無線電收音機，這夢想對人們來說還是太不可思議了。

幾年之後，費羅從大學輟學，用自己的才華打動了兩位投資者，並在加利福尼亞的一間小實驗室開了公司。在此同時，他也成家了，新婚之夜，他激動地抓住新娘的肩膀，興奮地對她說：「帕米！我必須告訴妳，我的生命裡還有另一個女人，她的名字叫電視。」

建立自己的實驗室後，費羅連續幾個月沒日沒夜地進行他的電視機發明。

一九二七年九月七日，當一條線明顯無誤地出現在小螢幕上時，費羅用興奮顫抖的口氣說：「夥伴們，我們成功了，人類擁有電子電視機了。」

有著浪漫思想的費羅，運用大膽的想像力以及執著不懈的研究精神，獲得了人類空前的成就。

知名的劇作家易卜生曾經寫道：「一百個空中閣樓的想法，也不及一個腳踏實地的做法。」

的確，判斷一個人是否有能力，與其聽他天花亂墜的想法，

還不如觀察他是否有實際可行的做法，因為，一個人想要提出想法並不困難，困難的是他能否擁有讓想法確實執行的做法。

雖然費羅連大學都沒有畢業，但他還是有驚人的表現。

這就代表著，不論一個人的教育程度如何，只要有想像力，再加上鍥而不捨的精神，任何人都能開創出一番成就。

不用在意別人如何看你，更無須擔心自己的思想有多奇異，人生最大的喜悅莫過於完成人們認為你辦不到的事。

將夢想付諸實行，跨越受到人生限制的高度，你就會成為一個不平凡的人。

堅定理想，朝著夢想飛翔

 人生只有一次，勇敢去做真正的自己，當你找
到了自己的理想，就放手去做吧。

每一個人都有適合自己的天職，可是真正能找到的人，卻少之又少。

在走完一生回顧當年時，常常只能感嘆為何當初不聽從來自內心的聲音，走自己真正想走的路。

然而人生沒有彩排，一旦走過就無法重來。

在社會的價值觀下，違背自己的意願，順從眾人的意見，做「正常」的事，讓自己平平凡凡、庸庸碌碌，大概是很多人一生的寫照，真正能跟著自己的心走的人實在太少了。

一位世伯家中代代從醫，前一陣子聽到他的小兒子瞞著所有家人悄悄出國，只寄回一個包裹，裡面裝著醫學院的畢業證書以及醫生執照。

原來他從小就不想當醫生，但是家中父叔輩及兄弟們都是醫生，因此他只能順著家人的期待進了醫學院。

求學期間，他除了系上的課程之外，還花了額外的時間到外系去旁聽喜歡的科目，並且主動與教授們討論學問。七年的時間，

他一點都沒浪費，不僅本科成績優良，也得到外系教授的認同。

畢業那年，他通過了醫生執照的考試，外系的教授們也連署寫推薦函推薦他進入國外知名大學的研究所。

就這樣，他帶著大學打工存下來的錢和簡單的行李離開了台灣，去追求自己的夢想，留下畢業證書跟證照，並寫了一封信給父母，裡面只有短短幾句話：「你們要的都在這裡了，現在換我追求我所要的。」

許多人聽到這樣的事都覺得他很傻，放棄光明的前程，選擇到外地從零開始，不依靠家裡任何的援助，一切都靠自己。可是，他選擇了做自己，這是一條永遠不會後悔的路，即使過得很辛苦，但也很快樂。

在幾世紀前，大概沒有人想像得到，有一天，人類也可以在天空飛行。和萊特兄弟同樣享有盛名的飛機製造者蘭格利在第一次飛行測試時，所面對的只有譏笑沒有掌聲，但是他仍然堅持自己的理想，一次又一次地改良、試飛。

好幾次都差點送了命，媒體甚至嘲笑他是個傻子；科學家認為人不可能戰勝地心引力；政府阻止他的行為；就連宗教團體都認為他褻瀆了上帝。但是，蘭格利堅定自己的想法，一個相信自己的人總有一天會成功。

終於，幾世紀後的今天，人類在天空飛行已是一件稀鬆平常的事，甚至有能力前往外太空探究新宇宙。

就是有這群被人們視為「傻子」的人，才造就了今天這個便利的生活環境。

如果上帝願意讓人類飛翔，就會賜給我們一雙翅膀，它們可

能看不見、摸不著，只能向內在尋找。每個人都有這樣的一對翅膀，只是被遺忘忽視。

因為害怕挫折與艱辛，擔心遭受異樣的眼光，許多人選擇收起翅膀，不願意打開羽翼，飛向夢想，寧可待在有限的空間生活。

或許我們只是平凡人，沒有轟轟烈烈的作為，但是我們也有自己的心願與夢想，可能在他人眼中看來微不足道，但是對自己卻有著特殊的意義。

所以，拋開世俗的眼光吧！人生只有一次，勇敢去做真正的自己，當你找到了自己的理想，就放手去做吧。

承諾是最珍貴的寄託

一旦給了承諾，就成為終生的責任，一個小小的承諾，有可能成為支持他人活下去的生命泉源。

近年來天災人禍不斷，地震、海嘯、恐怖攻擊等等，讓許許多多寶貴的生命就這樣飄然離去。在每個停止呼吸的軀殼背後，都有不同的故事。

新聞鏡頭帶到尋人的看板上，一張張相片，焦急的親人不放棄希望地尋找和等待，向上天祈求奇蹟的降臨。有人如願和家人重逢，有的等到的只是一具冰涼的屍體，有些則永遠消失……

在新聞裡，我們可以看到不少受困多日，在艱難環境下獲救的生還者，讓人見識到生命的韌性。多數人事後接受訪問，談起這段恐怖的經驗之時，都認為支持自己活下去的念頭，往往來自親人和朋友。就是這股意念，讓他們用意志力撐到被救起。

西元一九八九年，一次規模八點二級的大地震，震毀了許多城市和家園，短短四分鐘內，三萬多條生命就此殞落。

在主震和幾次餘震後，屍橫遍野，每個人臉上都帶著驚慌的神色，連悲傷的時間也沒有，拼命在斷壁殘垣中尋找生還者。

有位父親將身邊的家人安頓好後，心繫著還在學校的兒子，

馬上往學校的方向走去。

　　一路上建築物倒的倒、塌的塌，讓人看得怵目驚心，父親不停在心中禱告著，希望學校受災的情況不嚴重。

　　好不容易走到學校，眼前所見卻只剩被夷成平地的校園，想起兒子活潑的身影，他不禁紅了眼眶。眼看滿地的瓦礫堆，父親的腦裡浮現了他對兒子的承諾：「不論發生什麼事，我都會陪在你身邊。」於是他努力回想每日送孩子上學時的必經之路，憑著印象找出兒子教室的大概位置，來到那棟不成形的建築物旁，開始徒手在碎石瓦礫中挖掘，搜尋兒子的下落。

　　旁人看到這舉動，不忍地勸他趕快離開，並告訴他這種慘況下不可能有生還的機會，早點放棄吧！

　　這位父親像是沒聽見般，仍然不斷挖著，儘管雙手因過度使用而血跡斑斑不住顫抖，他仍然沒有停止動作，因為心中還有一絲希望，他絕不會放棄。原本在一旁觀看的人們，被這行徑感動，也挽起袖子加入救援工作。

　　太陽落下又升起，汗流浹背的父親一刻也不敢休息，深怕差那一點時間就會減少兒子生還的機會。

　　就這樣，挖掘的工作持續了三十八個小時，突然出現一塊大石頭，眾人一看忍不住倒抽了一口氣，心想著：「要移開這塊石頭是不可能的。」

　　父親卻不放棄，他找來了工具跟大石頭拚鬥，就在太陽快落下時，終於移開了大石頭，就在這瞬間，他聽到了這輩子聽見最美妙的聲音：「爸爸！是你嗎？你來救我了嗎？」

　　這位父親急忙俯身趴在移開大石頭後出現的洞口旁，往下大聲叫喊：「阿曼！爸爸來救你了！」

　　眾人得知還有生還者時，高興地流下眼淚，馬上展開第二波

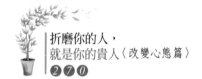

救援行動，小心翼翼地挖出了一個人可通過大小的洞，放下繩索救人。阿曼讓其他小朋友先上去，自己最後一個離開，因為他知道無論如何，父親都會在他身邊。

阿曼出來後一把抱住父親，哽咽地說：「爸爸，我一直相信你，我告訴其他同學，如果你還活著一定會來救我，如果我獲救了，他們也會獲救……」

這個班級有三十三個小朋友，當時有十四個人生存了下來。

許多危機發生時，除了沉著冷靜應對外，最重要的就是不能失去求生的念頭。因為相信父親的承諾，所以小阿曼勇敢等待，甚至在其他小朋友害怕、驚恐之際，安慰大家，給每個人吃下定心丸。阿曼的父親，也因信守這個承諾，在大家不看好的情況下，仍不放棄希望，才能救回兒子和另外的十三位小朋友。

這就像電影〈明天過後〉的翻版，在父子彼此信任的情況下，兒子沒有隨著人群到他地求生，而是在圖書館中等待父親的救援，因此保住性命。

為何說「一諾千金」？那是因為一旦給了承諾，就成為終生的責任，無論如何都必須遵守。然而，現代人卻常常將承諾當成隨口說說的藉口，藉以逃避一時不知如何應付的狀況，殊不知一個小小的承諾，卻有可能成為支持他人活下去的生命泉源。

想使人永遠不放棄，就要對所愛的人許下真誠的承諾，如此便能夠讓自己和他人對未來懷抱希望。

自欺是生活最大的危機

若只是沉醉在自己編織的虛幻美言中，長久下去，小心自己的未來會是一片空白。必須有實際的行動，有效的做法，才能使一切夢想成真。

樂觀的性情，可以化解生活中所遇到的挫折，讓自己從沮喪中解放，對未來繼續抱持希望。

但若是用無數「善意的謊言」來掩蓋事實，不願意去面對，這並不是樂觀，只是在自欺欺人。

就跟寓言故事中「掩耳盜鈴」的愚笨小偷一樣，蓋一棟謊言的高塔，將自己關在裡面無法逃脫，終將生活在謊言和虛幻的世界裡。

有個人想學習打獵，作為營生的技能，於是到處尋訪老師教他打獵，最後終於找到一個經驗老道的老獵人。他向老獵人懇求，希望能收他為徒，老獵人考慮了許久，終於答應了。

老獵人告訴他：「打獵是門大學問，不是槍拿起來隨便就能打的。從今天起，我會先教你關於瞄準和射擊方面的知識，此外還會帶你認識鳥類，知道牠們的習性。這是一條漫長的學習之路，你必須要有耐心才能學成。」

就這樣，徒弟每天跟著老獵人學習打獵，可是過沒多久，他

就開始心浮氣躁起來，認為自己已經有足夠的能力當一個獵人了，於是告訴老獵人，希望能實際找鳥類練習。

老獵人答應了，認為也該是讓徒弟累積實際經驗了，就帶他到一片有許多鳥類聚集的樹林。

到了林子裡，徒弟才剛舉槍，鳥兒竟然全部飛走了。

徒弟向老獵人抱怨說：「那些鳥兒實在太機靈了，我還沒看見牠們，牠們倒先看到我了，難道沒有不會飛走的鳥嗎？」

老獵人聽了問徒弟：「你想打的是不會飛的鳥嗎？」

徒弟點了點頭。

老獵人又說：「那麼我教你一個方法，回去後找一張硬紙，在上面畫一隻鳥，再把紙掛在樹枝上，接下來朝著紙上的鳥打，一定會成功。」

徒弟按照獵人的話，回去試驗著打了幾槍，但是沒有一槍能打中硬紙上的鳥，只好又回去找獵人。

他說：「我照著你的話做了，可是我還是打不到鳥。」

老獵人問他原因，徒弟說：「可能是畫得太小，也可能是距離太遠。」

老獵人靜默了一會兒，終於開口：「你的毅力，我真的很感動，我再告訴你一個可行的辦法。現在，你回家去，找一張更大的紙，一樣掛在樹上，你朝著紙打，這次一定沒問題。」

徒弟問：「那紙上要畫鳥嗎？」

獵人搖搖頭，徒弟更疑惑了。

獵人嚴肅地回答他：「我的意思是，你先朝著紙打，打完了，就在有洞的地方畫上鳥，打幾個洞就畫幾隻鳥。這才是你最有把握的事，不是嗎？」

成就任何事物，都需要下一定的功夫，磨練一定的和火候，若沒有耐心而急躁行事，只會前功盡棄。

　　故事中的徒弟竟然抱怨鳥兒會飛！這是件多麼可笑的事。如果鳥兒不會飛，打獵就成了輕而易舉的事，也稱不上專長了。老獵人譏諷的說法，就是看透了徒弟不求上進又自欺欺人的個性。

　　然而生活中，真的有許多人沉溺於自欺欺人的謊言中，不斷為自己找藉口，只要從這些藉口中獲得安慰，自己就會開心。

　　動畫〈哆啦Ａ夢〉中有一個道具──安慰機器人，它的功用就是在人遇到挫折時給予鼓勵，讓人重新拾回信心，只是大雄過度地使用後，這個道具反而成為墮落了工具。

　　哆啦Ａ夢用時光電視顯現大雄的未來，他成為一個不求長進的流浪漢，安慰機器人竟還對他說：「這樣不是很好嗎？現在沒有任何人會管你，沒有房子也不用擔心火災……」

　　明眼人都知道，這只是在畫餅充飢、自欺欺人而已。若只是沉醉在自己編織的虛幻美言中，長久下去，小心自己的未來會是一片空白。

　　想讓自己成為一個百發百中的好獵人，光是幻想，沒有任何助益，不過是自欺欺人而已。必須有實際的行動，有效的做法，才能使一切夢想成真。

設法將壓力轉化為助力

有時候，有計劃的冒險，可以讓壓力轉化為助力，幫助自己完成目標，並進一步提升自己的能力，實踐自己的夢想。

女作家丁玲曾說過：「人，只要有一種信念，有所追求，什麼痛苦都能忍受，什麼環境也都能適應。」

自我設限，是絆住成功最大的石頭。許多人認定了事情不可能成功，就不願意去嘗試，可是不去嘗試，怎麼知道自己做不到呢？適度的壓力能激發潛能，並且轉換成助力，激勵自己尋求解決的方式。

傑西先生今年二十七歲，是個朝九晚五的平凡上班族，和妻子住在一間小小的出租公寓裡面。

隨著孩子的出生，他們很希望能擁有自己的房子，讓成長中的孩子有更大的活動空間，和良好的學習環境，不再當無殼蝸牛。

可是，傑西的收入並不多，只能勉強負擔每個月的房租和生活開銷。有一天，當他又要開出下一個月房租的支票時，突然跳了起來，並大聲的對妻子說：「我們每個月付房租的錢，都可以拿來分期貸款買房子了，既然如此，為什麼不乾脆買下自己的房子呢？」

妻子笑了笑，溫柔的對傑西說：「你說的沒錯，但是買房子的頭期款是一筆不小的數目，現在我們負擔不起啊！」

傑西沉默了一會兒，再度抬起頭時，眼中帶著堅定神色。

他告訴妻子：「有許多的夫妻都跟我們一樣，想買一間自己的房子，但有半數以上都沒辦法如願以償，問題就在頭期款。雖然現在我還不知道該如何去湊出那筆錢來，但是我相信，一定會找出辦法來的。」

幾天過後，傑西夫婦找到了一間令他們滿意的房子，既寬敞又舒適，但是頭期款要一千兩百美元。傑西知道自己無法從銀行貸到這筆錢，於是腦筋一轉，找上了包商，希望能私下貸款。

剛開始包商態度冷漠，怎麼樣都不肯接受，後來看到傑西不肯放棄的決心，終於妥協，同意讓他用每個月償還一百美元、利息另計的方式，來付一千兩百美元的頭期款。

解決了包商方面的問題之後，傑西接著要面對的問題是，每個月無論如何都得湊出一百美元來。夫婦倆想盡辦法，只能湊出二十五美元，另外的七十五美元該怎麼解決呢？

經過了一夜的思考，隔天上班時，傑西告訴了老闆自己將買新房子的消息，並解釋目前的狀況。

傑西說：「為了買新房子，我每個月必須多賺七十五美元才行。公司的一些案子，若能在週末處理，一定能提升公司的營運效率，不知道您能否同意我在週末加班呢？」

老闆聽了，一方面很高興傑西將擁有自己的房子，一方面也為了他的努力而感動，就答應讓他在每個週末加班十小時，且更肯定了他的能力，將許多重要的工作交付給他，傑西夫婦也終於快樂地搬進了他們的新家。

每一個人都為了追求更好的生活而努力著，擁有自己的房子，則是許多家庭的夢想。然而，在相同條件下，多年過後，有些人還是靠租屋過生活，有些人則達成置產的願望。

　　會有這種截然不同的結果，兩者的差別在哪裡呢？

　　關鍵的因素就是動力！

　　人們常被世俗的習慣侷限，讓「事情本該如此」的想法綁住，一旦被別人對自己的評價決定了自我的價值，到最後便會只知安於現狀，不求突破。

　　如果傑西認定了房屋的頭期款不是自己有辦法負擔的，繼續過著租屋的生活，那他想擁有自己房子的願望，就變成了遙不可及的夢想。

　　反過來，只要跨出了第一步，就會有第二步、第三步。他會去動腦，思考有什麼方式可以解決問題。

　　有時候，有計劃的冒險，可以讓壓力轉化為助力，幫助自己達成原本可能難以完成的目標，並進一步提升自己的能力，實踐自己的夢想。

想讓人信任，就要有真誠的眼神

別因為沒自信、不習慣或是害羞而讓眼神飄忽不定。穩定的眼神，可以表達出自己真誠的內心，也可以穩定他人的心。

美國一位富翁花了許多錢裝了一隻假眼以代替那壞了的左眼。由於假眼裝得很成功，難以分辨真假，富翁因此非常得意，到處炫耀。某天他碰到馬克·吐溫就問道：「你猜得出我哪一隻眼睛是假的嗎？」

馬克·吐溫端詳了一陣之後，便指著他的左眼說：「這隻是假的。」

富翁十分驚訝，問道：「你是根據什麼猜到的？」

馬克·吐溫平靜地回答：「因為你這隻眼睛裡，還有一點點慈悲。」

從這個小故事中，顯現出一個人的眼神有多麼重要。

眼睛是「靈魂」之窗，不僅僅因為它能幫助自己看到這個世界，更因為它可以顯現一個人的「靈魂」。

多年前，在維吉尼亞州北部一個寒冷的夜裡，一位老人在渡口等待船隻，準備乘船過河。

可是，河水早已凍結成冰，他的等待似乎是徒勞無功，寒冷

的北風使得他的身體逐漸麻木僵硬。

　　突然，遠處傳來一陣節奏輕快的馬蹄聲，老人懷著焦急的心情張望著，幾個騎馬的人從他身邊過去，沒有人停下腳步看看他。等到最後一個騎士經過他身邊的瞬間，老人突然看著那人的眼睛說：「先生，能否讓一個老人和您共乘一匹馬同行？您知道，單用腳走，人是很難通過這一段路的。」

　　騎士勒住了自己的馬，回答：「的確如此，上來吧！」

　　騎士見老人根本無法移動那凍僵的身體，便跳下馬來，扶著老人上馬。他不僅送老人過河，還送老人到他要去的地方，為此多走了數英里的路。

　　當他們走進一座小而舒適的村舍時，騎士好奇地問老人：「先生，我注意到當其前面幾個人經過時，你並沒有請求幫助。只有在我經過時你才留住我，借用我的馬。我好奇的是，在這樣寒冷的冬夜，你卻冒險只攔住最後一個騎士，如果我拒絕你的要求，該怎麼辦呢？」

　　在騎士的攙扶下，老人下了馬，以溫和的目光看著他說：「我在那裡已經等了好一陣子，但我知道更重要的是美好的品德。」老人繼續道：「我仔細觀察了來往的騎士，看出他們並沒有關心我的處境，那時就算是我求他們幫忙，也是無濟於事。可是，我從您的眼中發現了仁慈和同情。我知道，只有您的友好態度，能讓我在最需要的時候得到幫助。」

　　這名騎士就是美國前總統，湯馬斯‧傑佛遜。

　　視線的交流，是人際關係中重要的一環。從眼神可以看出一個人的態度是否真誠，甚至也成為判斷此人所說的話是真是假的

方法。所以，不管再怎麼經過潤飾的謊言，只要仔細觀察，眼神多少會透露出一些訊息。

也因此我們從小受到的教育是，與人談話時眼睛要正視對方，這樣對方才能感受到我們的真誠，也才有禮貌。若是談話的時候，一直不敢與對方的視線交會，便難以讓人相信自己所說的話。

別因為沒自信、不習慣或是害羞而讓眼神飄忽不定。不管是在何種情況下，最重要的就是「穩定」住自己的眼神。

穩定的眼神，可以表達出自己真誠的內心，傳達足以讓人信任的訊息，自然而然也可以「穩定」他人的心。因此，想要得到他人的信任，首先得有真誠的眼神，才得傳達出自己真誠的內心。

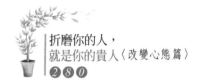

決定放棄時正是失敗的一刻

成功的目標只有一個，但累積的腳步卻絕不會
只有一步。在慢步累積的歷程中，有許多足印
是屬於失敗的。

一旦有了放棄的念頭，想要再站起來恐怕不是件容易的事。

就心理層面來看，當我們找到了失敗退縮的藉口時，積極前進的鬥志將消失一半；當腳真的往後退一步時，我們的鬥志不僅將完全喪失，連原本「只退一步就好」的想法，也將因為意志不堅而終至一敗塗地的慘況。

戴維的朋友邀請他參加一場機械設備銷售會。朋友這次要銷售的東西，他們倆曾經討論過，他們也都相信這個小機械設備將會成為人們必備之物。

但是，戴維踏入會場後，很快地便發現它根本沒有市場，大家看都不看一眼便走開了，於是戴維在行銷活動尚未開始前，便告訴朋友他要退出。

銷售會結束後，戴維的朋友將悲慘的結局告訴他：「這場銷售會，我居然損失了好幾萬美元。」

當朋友將虧損數字計算完後，有感而發地對戴維說：「你知道嗎？我雖然擔心鈔票的損失，但我更擔心的是，經歷了這場失

敗的銷售會後，我會變得更加膽小怕事，以後再有其他商機，恐怕我會裹足不前。唉，萬一真的發生這個情況，損失更無法預估啊！」

很簡單的一段話，卻一針見血地點出了人們的通病。的確，失敗之後人們最常出現的情況正是「裹足不前」與「猶豫不決」，許多人始終都無法跨越出這個心理障礙。

之所以如此，是因為許多人害怕再次嚐到失敗的滋味，只是沒有一次又一次的失敗經驗，我們很難嚐到成功的喜悅啊！

運動健將喬尹・路易斯曾說：「當事情遭遇艱難與變故時，我們一定會感到疲憊和沮喪，但是，只要你還有冠軍夢，就要繼續努力，即使接下來遇到第二次挫折還不夠，你最好要有第三次、第四次，總之，越多挫折對你累積經驗越有益。」

就像偉人故事留給我們最深刻的印象，往往都不是他們最後成功的結果，而是歷經千辛萬苦的成功過程中，突破萬難的勇氣與創造奇蹟的決心。

所以，只失敗一次是不夠的，我們都知道成功的目標只有一個，但累積的腳步卻絕不會只有一步。在慢步累積的歷程中，有許多足印是屬於失敗的，你大可以放寬心放手一搏！

勇於冒險，就能開拓新局面

人生就如同攀岩，要有冒險精神才可以開拓新局面，但是也別忘了綁上安全繩，為自己預留後路。

　　有些重大的事情，如果關係到全民的福祉，就必須要做好充足的事前準備，因為它們完全沒有犯錯的空間，一旦出問題，即使看似不嚴重，都有可能造成極大的影響。

　　同樣的，就算只是普通人的「平凡」事，想要順利完成，也都要先下足功夫，做好準備。

　　如果只是臨陣磨槍，圖個僥倖，結果必定會像沒有經過操演就倉皇出兵的軍隊一樣，注定敗北。

　　很多權謀者算準了這一點，時常攻其不備，求取勝利。

　　既然知道這個道理，就要「有備無患」，別讓自己成為別人的手下敗將。

　　第二次世界大戰讓全世界的人民陷入巨大的災難之中，也在歷史中寫下許多警惕後人的教訓。

　　一九四二年二月十二日中午，部署於英吉利海峽上空的英國空軍在巡邏時發現一個奇怪的現象，便趕忙通知海軍。

　　飛行員告訴海軍，他們發現一隊德國艦隊正大搖大擺地從遠

處開過來。

收到消息的英國司令部軍官們都大感疑惑，他們相信德國海軍應該沒有大膽到敢在白天大搖大擺地從英吉利海峽通過，因此認為是飛行員看錯了。

當英軍內部忙於思考和爭論這個問題的同時，時間也一分一秒地過去。

一小時後，又有另一架英軍偵察機回報，德國艦隊已經闖入海峽最窄也最危險的地段，並且正全速前進，英軍的指揮官這才發現事情的嚴重性。

等判斷完狀況，調集部隊準備進攻時，德軍早已通過最危險的地段，英軍也失去了給予德軍一次迎頭痛擊的機會。

一整個下午，無論英軍出動再多的飛機、驅逐艦，對德國艦隊進行攔截，仍是白費力氣，只能眼睜睜看著德軍艦隊輕輕鬆鬆地進駐挪威海域，並且不斷擴充自己的戰力。

德軍之所以行動成功，除了出自於大膽的決策之外，英軍緩慢的應變速度更為德軍增加了助力。

想進駐挪威只有兩條路可走，一條是向西繞過英倫諸島再北上，但是這條路程非常費時費力；另一條則是直接穿越英吉利海峽，但是這條路徑因為有英軍駐守，所以危機重重。

仔細思考後，德軍決定出奇制勝，在夜裡出發，白天時通過英吉利海峽最危險的地段。他們相信，英軍絕對不會料到他們敢冒這個險。

結果，真如德軍所判斷的，等英軍發現後再倉促上陣，已經來不及了。

　　看似危險的地方，往往會成為最安全之處，這就是所謂的險棋，打出心理戰這張牌，然後等著對方自亂陣腳。

　　很多時候，評估過後的冒險，往往可以帶來預料外的勝利。

　　因此，想開拓一番新局面，必須要有冒險精神，但是也要有應變能力，以便處理突然發生的變化。

　　人生就如同攀岩，要有挑戰困難的勇氣，但是，攀爬之時也別忘了綁上安全繩，為自己預留後路，以免因為一時疏忽，而造成終生的遺憾。

適度退讓，才不會因小失大

即使我們並不心甘情願，但很多時候我們必須做出適度的讓步，才不會釀成之後更大的災禍。

《老夫子》漫畫中有一幕是一位聖誕老人背著好大的包袱，裡面裝滿各式各樣的禮物。突然，一顆小球掉在地上，聖誕老人彎下腰想把它撿起來，就在那瞬間，背上的禮物統統掉了出來。

漫畫的標題是〈因小失大〉。

生活中，你是否也曾為了撿一顆小球、一點小事、一些不必要的執著、一個沒有注意到的細微動作，讓自己損失慘重呢？

一部驚險絕倫的偵探劇——〈公園街謀殺案〉即將上映，首場票在幾個月前就被搶購一空。聽說快至終場時，還沒有人能弄明白究竟誰是謀殺者，當布幕徐徐落下那一瞬間，才會使人恍然大悟。這是個令人意想不到的答案。

聽著這段議論，查理按捺不住急切的心情，花了近十倍的價錢在黑市買了一張包廂裡的票。當他情緒激昂地踏進劇院大門時，觀眾席裡已是漆黑一片。一位侍者殷勤地領著查理來到包廂。此時，舞台上的布幕正緩緩上啟。

「先生，這座位還不錯吧？」侍者伸出手來等待這位遲到觀

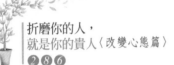

眾的小費。可是查理目不轉睛盯著舞台，絲毫沒有察覺到侍者的暗示。

侍者不肯放棄增加收入的機會，又輕聲問道：「來份節目單怎麼樣？上面還附有劇照呢！」

「不，謝謝。」

「那麼，要不要喝點什麼呢？」

演出已經開始，查理不耐煩地擺了擺手。這個時候，查理早已融入劇情之中，根本無心理會其他事物。

緊接著，侍者湊到查理跟前：「散場後，您是否希望叫輛計程車？」

得到的答案依然否定，侍者不死心又問了一次：「真的不用叫車嗎？」

「對！」查理不耐煩的回答。

「那麼，現在是否來點巧克力？」

「我什麼也不需要，謝謝！」

劇情一開始就扣人心弦，平日酷愛偵探故事的查理，生怕錯過任何一句台詞。可是身邊的侍者非常嘮叨，讓他十分惱火。

他想這回他該走了吧，誰知一回頭，他不僅還站在後面，又問了一句：「中場休息時，來杯香檳酒或是來幾個麵包捲如何？」

「不，不要，我什麼都不要！你快滾遠點！不要影響我看劇！」查理終於忍不住發火了。直到這時候，侍者似乎才真正意識到這位觀眾急於認真看劇的心情，恐怕是賺不到分文了。

侍者深深地向查理鞠了個躬，然後伸手指著舞台，湊近他耳朵，壓低了嗓音，深惡痛絕地說道：「瞧，那個園丁，他就是兇手！」

之後，侍者靜靜地退出包廂。查理此時的心情筆墨難以形容，

情緒一落千丈，他花費高價尋求的樂趣瞬間化為烏有了。

　　俄國文學評論家別林斯基曾經提醒我們：「可以讓步的時候適時讓一步，是最高的處世智慧，可以避去許多不必要的麻煩。」

　　破壞一個人的興趣，是對他精神上的一種打擊。查理因為沒有接受侍者的服務，讓他賺一筆小費，因此遭到侍者報復。

　　雖然侍者的惡劣行為不值得學習，但這個事件也充分表現出「因小失大」會令人多麼的懊惱。

　　即使我們並不心甘情願，但很多時候我們必須做出適度的讓步，才不會釀成之後更大的災禍。

折磨你的人，就是你的貴人：
改變心態篇

生活講義

133-1

作　　者　凌越
社　　長　陳維都
藝術總監　黃聖文
編輯總監　王郡凌
出 版 者　普天出版家族有限公司
　　　　　新北市汐止區忠二街 6 巷 15 號
　　　　　TEL / (02) 26435033 (代表號)
　　　　　FAX / (02) 26486465
　　　　　E-mail：asia.books@msa.hinet.net
　　　　　http://www.popu.com.tw/
　　　　　郵政劃撥 19091443 陳維都帳戶
總 經 銷　旭昇圖書有限公司
　　　　　新北市中和區中山路二段 352 號 2F
　　　　　TEL / (02) 22451480 (代表號)
　　　　　FAX / (02) 22451479
　　　　　E-mail：s1686688@ms31.hinet.net
法律顧問　西華律師事務所・黃憲男律師
電腦排版　巨新電腦排版有限公司
印製裝訂　久裕印刷事業有限公司
出 版 日　2024 年 3 月第 2 版第 1 刷
ISBN◉978-986-389-913-6　　　條碼 9789863899136
Copyright◎2024
Printed in Taiwan, 2024 All Rights Reserved

國家圖書館出版品預行編目資料

折磨你的人，就是你的貴人：改變心態篇集／
凌越編著. —第 2 版. —：新北市, 普天出版
2024.3 面；公分. -（生活講義；133-1）
ISBN◉978-986-389-913-6（平裝）
CIP◎177.2

普天之下・虚基好書

普天 出版社
Popular Press